中华优秀传统文化进高校

参考书籍

中华经典名句品读

杜振波　刘立国　编著

山东画报出版社

图书在版编目（CIP）数据

中华经典名句品读／杜振波，刘立国编著. --济南：山东画报出版社，2024.1
ISBN 978-7-5474-4650-8

Ⅰ.①中… Ⅱ.①杜… ②刘… Ⅲ.①名句—汇编—中国 Ⅳ.①H136.33

中国国家版本馆CIP数据核字（2023）第249360号

ZHONGHUA JINGDIAN MINGJU PINDU

中华经典名句品读
杜振波　刘立国　编著

责任编辑　李　双　董冠秋
装帧设计　康　雪

主管单位　山东出版传媒股份有限公司
出版发行　山东画报出版社
　　　　　社　　　址　济南市市中区舜耕路517号　邮编 250003
　　　　　电　　　话　总编室（0531）82098472
　　　　　　　　　　　市场部（0531）82098479　82098476（传真）
　　　　　网　　　址　http://www.hbcbs.com.cn
　　　　　电子信箱　hbcb@sdpress.com.cn
印　　刷　山东临沂新华印刷物流集团有限责任公司
规　　格　140毫米×203毫米　1/32
　　　　　10.5印张　203千字
版　　次　2024年1月第1版
印　　次　2024年1月第1次印刷
书　　号　ISBN 978-7-5474-4650-8
定　　价　68.00元

序

　　文化是一个国家、一个民族的灵魂。文化兴国运兴，文化强民族强。习近平总书记说："中华优秀传统文化是中华文明的智慧结晶和精华所在，是中华民族的根与魂，是我们在世界文化激荡中站稳脚跟的根基。"

　　中华文明源远流长，生生不息，从"轴心时代"走来，以《论语》等为代表的中华经典在我们中华文明、传统文化、民族精神等民族特质的形成与发展的过程中有着重要意义。可以说，温良恭俭让，塑造了我们民族的气质涵养；仁义礼智信，确立了华夏儿女的价值追求；经史子集，奠定了东方文明的智慧根基。

　　南宋理学大家朱熹说："为学之道，莫先于穷理；穷理之要，必在于读书。"中华典籍中蕴含着我国的古圣先贤对于天地自然、世界法则、社会运行、人伦道德、自身修养、人际交往等诸多方面的思考，凝聚着圣贤的智慧，许多经典至今仍有重要价值，对于人类命运共同体的建设、人类文明的发展演进、个人的成长成才等诸多方面都有着深刻的现实价值和指导意义。中华民族素有以文会友、崇文重典的文化追求与优良传统。面对浩如烟海的典籍、体大精深的经典，我们要坚持古为今用、以古鉴今，坚持有鉴别的对待、有扬弃的继承，努力实现传统文化的创造性转化、创新性发展，使之与现实相融相通，共同服务以文化人的时代任务。

东营职业学院作为国家骨干高职院校、山东省优质高职院校、中国特色高水平高职学校和专业建设计划建设单位，坚持用中华优秀传统文化浸润学生心灵，引导学生发展。我校扎根齐鲁大地、黄河之滨，立足区域历史文化底蕴，深入探究优秀传统文化与职业教育融合模式，围绕文化"两创"进行了系列探索，让学生感受儒风雅韵，让校园里处处洋溢芝兰之香。孔子曰："志于道，据于德，依于仁，游于艺。"结合我校专业设置与地方文化优势，我校举办了京剧进校园、诗歌创作大赛、非遗进校园、鲁班锁拆装比赛等特色活动，成立了孔子学堂，积极通过各种形式推动中华优秀传统文化教育与高校育人工作相融合，深入挖掘中华优秀传统文化中蕴含的哲学思想、人文精神、价值理念、道德规范，着力打造中华优秀传统文化创造性转化和发展的典型范例和特色品牌。

2023 年 6 月 2 日，习近平总书记在文化传承发展座谈会上指出，"在新的起点上继续推动文化繁荣、建设文化强国、建设中华民族现代文明，是我们在新时代新的文化使命"。深情似海寄华夏，厚望如山看担当。作为教育工作者，我们锚定立德树人的教育目标，在传道授业过程中发挥中华优秀传统文化德润人心、以文化人的作用，让广大青年全面深入了解中华文明的历史，主动、有效地推动中华优秀传统文化创造性转化、创新性发展。为此，我们特编撰了这本《中华经典名句品读》，以择经典之精要的方式让大家有所了解，希望大家得圣贤智慧于万一，继往圣绝学于终身。

本书分为诚实守信、敬重感恩、进德修身、责任担当四个篇章，十六字的标题，涵盖了中华优秀传统美德的重要内容，符合社会主义核心价值观，与新时代立德树人教育目标一脉相承。诚实守信是立身之本，敬重感恩是处世之要，进德修身是万方之源，责任担当是家国之义。

本书在内容上采录了《论语》《孟子》《礼记》《中庸》等儒家经典中的名句，兼采"二十四史"等史书典籍，以经为本，经史并取，采撷精要，微言大义。内容架构上，"原典""释文""品读"同一，先读原典，如聆听古圣先贤教诲，循循善诱；次读译文，以通晓经典微言大义，学而有得；再览品读，与自己的心灵对话，反躬自省。尤其是"品读"部分，不仅是跟着作者品读，更要自己品读，与自己品读，与先圣先贤对话。大儒程子曰："读书者当观圣人所以作经之意，与圣人所以用心。""学者须将《论语》中诸弟子问处便作自己问，圣人答处便作今日耳闻，自然有得。"（语出《四书章句集注·读〈论语〉〈孟子〉法》）

最后，我想将朱熹的"十六字读书法"分享给大家，即"循序渐进、熟读精思、虚心涵泳、切己体察、着紧用力、居敬持志"，希望大家以此读书，明理明智，不负韶华，修德修身，做新时代的博雅君子！

杜振波

目录

第一篇章　诚实守信

【原典】

子夏①曰："贤贤②易③色；事父母能竭其力；事君，能致其身；与朋友交，言而有信。虽曰未学，吾必谓之学矣。"

——《论语·学而》

【释文】

①子夏：孔子学生，姓卜，名商，字子夏。

②贤贤：第一个"贤"作动词用，尊重之意。贤贤即尊重贤者。

③易：一是改变，此句即为尊重贤者而改变好色之心；二是轻视，即看重贤德而轻视女色。

子夏说："一个人能够看重贤德而改变喜好女色之心；侍奉父母能够竭尽全力；服侍君主能够献出自己的生命；与朋友交往中有信用。这样的人，尽管他自己没有学习过，我一定说他已经学习过了。"

【品读】

若想做个真正有道德的人，就应从身边事做起，只有躬身践行，方能悟透真正的学问，才算有着真正的仁德。倘若只会空谈大道，而不将其付诸实际行动，充其量只是徒有其表，是个假道学而已。

【原典】

曰："言必信，行必果①，硁硁（kēng）②然小人哉！"

——《论语·子路》

【释文】

①果：果断、坚决。

②硁硁：象声词，敲击石头的声音。这里形容浅陋固执。

孔子说："说到一定做到，做事一定坚持到底，不问是非地固执己见，那是小人啊。"

【品读】

在孔子的心目中，诚信守诺，恒定坚持，是最基本的道德操守。今天也是如此，如果一个人说话不算数，做事不一以贯之，就很难立身处世，很难成就大事。因此，诚实无欺，有始有终，是做人的基本要求。

【原典】

　　子曰:"有德者必有言,有言者不必有德。仁者必有勇,勇者不必有仁。"

　　　　　　　　　　　　——《论语·宪问》

【释文】

　　孔子说:"有道德的人,一定有好的言论,有好言论的人不一定有道德。仁人一定勇敢,勇敢的人都不一定有仁德。"

【品读】

　　言论与道德以及勇敢与仁德之间的关系。这是孔子的道德哲学观。他认为勇敢只是仁德的一个方面,二者并不是齐等的关系,所以,人除了有勇以外,还要修养其他各种道德,从而成为有德之人。

【原典】

　　子曰："其言之不怍（zuò）①，则为之也难。"

　　　　　　　　　　　　　　　　——《论语·宪问》

【释文】

　　①怍：惭愧。

　　孔子说："一个人说话如果大言不惭，那么他要实践起来可就很困难了。"

【品读】

　　孔子一直认为有自知之明非常重要，高尚品德的体现在于行动，说大话的人应该感到难堪。

【原典】

　　子曰："可与言而不与之言，失人；不可与言而与言，失言。知者不失人，亦不失言。"

——《论语·卫灵公》

【释文】

　　孔子说："可以同他谈的话，却不同他谈，这就是失掉了朋友；不可以同他谈的话，却同他谈，这就是说错了话。有智慧的人既不失去朋友，又不说错话。"

【品读】

　　孔子在这里谈了个具体的问题，就是如何说话。他提到了两个概念，一个是"失人"，一个是"失言"。孔子认为，应该给某人说的话，却没有给他说，就是对不起这个人，是失人；而不该给某人说的话，却给他说了，这是看错了谈话对象，是失言。不论是失人还是失言，都牵涉一个问题，就是没有看清说话的对象。

【原典】

孔子曰："益者三友，损者三友。友直，友谅①，友多闻，益矣。友便（pián）辟②，友善柔③，友便佞④，损矣。"

——《论语·季氏》

【释文】

①谅：诚信。

②便辟：谄媚逢迎。

③善柔：当面奉承，背后诋毁。

④便佞：佞花言巧语，夸夸其谈，善于辩解。

孔子说："有益的交友有三种，有害的交友有三种。与正直的人交友，与诚信的人交友，与见闻广博的人交友，这是有益的。与谄媚逢迎走邪道的人交朋友，与当面奉承背后诋毁的人交朋友，与惯于花言巧语的人交朋友，这是有害的。"

【品读】

古人这样告诫我们："君子先择面后交，小人先交面后择，故君子寡尤，小人多怨，匹失不可不慎交友，可见，如何认识和选择朋友，是十分重要的人生课题，同时，别人也是这样看待你的。

【原典】

子曰："人而无信，不知其可也。大车①无輗（ní）②，小车③无軏（yuè）④，其何以行之哉？"

——《论语·为政》

【释文】

①大车：牛车。

②輗：古代大车车辕前面横木上的木销子。

③小车：马车。

④軏：古代小车车辕前面横木上的木销子。

孔子说："一个人不讲信用，是根本不可以的。就好像大车没有輗、小车没有軏一样，它靠什么行走啊？"

【品读】

诚信是一个人立身处世的根本，诚信的美德是在生活中培养起来的一种信念，需要从小事做起，从点点滴滴中积累。社会上各行各业都应以诚信作为基础，才能有着光明远大的前途。也只有将诚信作为一笔精神财富和优良传统，每个人能做到诚实守信，社会才会走向繁荣与安定。

【原典】

　　子贡问政。子曰："足食，足兵，民信之矣。"子贡曰："必不得已而去，于斯三者何先？"曰："去兵①。"子贡曰："必不得已而去，于期二者何先？"曰："去食。自古皆有死，民无信不立。"

——《论语·颜渊》

【释文】

　　①兵：兵器，这里指军队。

　　子贡问怎样治理国家。孔子说："粮食充足，军备充足，老百姓信任统治者。"子贡说："如果不得不去掉一项，那么在三项中先去掉哪一项呢？"孔子说："去掉军备。"子贡说："如果不得不再去掉一项，那么这两项中去掉哪一项呢？"孔子说："去掉粮食。自古以来人总是要死的，如果老百姓对统治者不信任，那么国家就不能存在了。"

【品读】

　　在这里，孔子提出了"取信于民"的观点，即从政者要获取人民的信任，这是儒家思想中很重要的一个方面。所谓"信"就是信任，可以理解为出于相信而敢于托付。因为人民的力量是无穷的，只有赢得了人民的信任，人民愿意把统治的权力赋予你，统治才能长久，政权才能稳定，决策才能顺利推行。

【原典】

子张问政。子曰："居之无倦，行之以忠。"

——《论语·颜渊》

【释文】

子张问如何治理政事。孔子说："居于官位不懈怠，执行君令要忠实。"

【品读】

这是讲从政为官要忠诚和勤谨的问题。身居官位，则要始终如一，不要懒散，懈怠政事。执行君令时，要以忠信，竭心尽力而为。

【原典】

孟子曰："诚身有道，不明乎善，不诚其身矣。是故诚者，天之道也^①。思诚者，人之道也。至诚而不动者，未之有也。不诚，未有能动者也。"

——《孟子·离娄上》

【释文】

①天之道也：自然的规律。

孟子说："使自己诚心诚意有办法，首先要明白什么是善，不明白善的道理，就不能使自己诚心诚意。因此，诚，是自然的道理。思慕诚，是做人的道理。诚心至极而不能使别人动心的，是从来没有的事；不诚心，则从来没有使人动心的。"

【品读】

诚实是社会公德的基础，有了诚实，才会有亲情：有了亲情，才会有友情；有了友情才会有忠诚；有了忠诚，才会为国家和社会做出奉献，实现自己的人生价值。

【原典】

　　有子曰："信近于义，言可复也①。恭近于礼，远耻辱也②，因不失其亲③，亦可宗也④。"

——《论语·学而》

【释文】

　　①复：实践，履行

　　②远（yuàn）：使远离，可以译为避免。

　　③因：依靠之意。

　　④宗：主。可宗，可靠。

　　有子说："约言符合道德规范，这种约言才可兑现。态度谦恭符合礼节规矩，才不会遭受羞辱。所依靠的都是关系亲密的人，也就可靠了。"

【品读】

　　信义是社会道德共同之所尚，故古人有一诺千金之说，有重然诺而轻生死者。并非人不重生死，而是信义高于生死，惟其义尽，所以至于仁。背信弃义者遭人唾弃是信义社会对人的外在他律，人还必须坚持内心的自律，保持一种恭肃近于礼的状态，这样他律和自律相辅相成，从而生发出正体的道德精神之美善，方得以堂堂正正立于天地之间。

【原典】

子张问崇德、辨惑①。子曰："主忠信②，徙义③，崇德也。爱之欲其生，恶之欲其死，既欲其生，又欲其死，是惑也。'诚不以富，亦祇以异'。④"

——《论语》：颜渊

【释文】

①崇德：提高道德修养的水平。惑：迷惑，不分是非。

②主忠信：以忠厚诚实为主。

③徙义：向义靠扰。徙，迁移。

子张向孔子请教怎样提高品德修养和辨别是非。孔子说："以忠厚诚实为主，行为总是遵循道义，可以提高品德。对同一个人，爱的时候希望他长期活下去；厌恶的时候，又希望他死去。既要他长寿，又要他短命，这就是迷惑。'这样对自己没有益处，也只能使人感到奇怪罢了'。"

【品读】

孔子认为要想使自己的人格得到升华，要特别注意两方面，一是忠、一是信。"忠"是忠厚诚实，对人对事以事实为主，不加歪曲。还有就是不论是对自己还是对别人，为国家大事也好，为朋友私事也罢，都尽心尽力，就算赔上性命，也在所不惜。"信"，就是对别人要讲信用。而"徙义"就是做应该做的事，做合情合理的事情。

【原典】

　　子张问行，子曰："言忠信，行笃敬，虽蛮貊之邦①，行矣。言不忠信，行不笃敬，虽卅里，行乎哉？立则见其参②于前也，在舆则见其倚于衡也，夫然后行。"子张书诸绅③。

——《论语·卫灵公》

【释文】

　　①蛮貊（mò）：南蛮北狄，指当时我国南方和北方的少数民族。

　　②参：排列，显现。

　　③绅：贵族系在腰间的大带。

　　子张问怎样才能处处行得通。孔子说："言语忠实诚信，行为笃厚恭敬，即使到了蛮貊地区，也能行得通。言语不忠实诚信，行为不笃厚恭敬，即使是在本乡本土，能行得通吗？站立时，就好像看见'忠实、诚信、笃厚、恭敬'的字样直立在面前；在车上时，就好像看见这几个字靠在车前横木上，这样才能处处行得通。"子张把这些话写在衣服大带上。

【品读】

　　"言忠信，行笃敬"，即说话要忠实诚信，行为要笃厚恭敬。就君子而言，言与行是不可分割的，说"言忠信"，行为也必定是忠信的；说"行笃敬"，言语也必然是笃敬的，所谓的言行一致就是这个意思。而且"言忠信"并不是通过"言"来表现的，尽管它打着"言"的招牌。何为"忠信"？说到的能做到才叫忠信，可见忠信只靠说是做不到的，必须要靠行动来配合。

【原典】

子曰："弟子入则孝①，出则弟，谨而信，泛爱众，而亲仁。行有余力，则以学文。"

——《论语·学而》

【释文】

①弟子：有二义，一是指年幼之人，弟系对兄而言，子系对父而言，故曰弟子：二是指学生。此处取前义。入：古时父子分别住在不同的居处，学习则在外舍。入是入父宫，指进到父亲住处；或说在家。

孔子说："小孩子在父母跟前要孝顺，出外要敬爱师长，说话要谨慎，言而有信，和所有人都友爱相处，亲近那些具有仁爱之心的人。做到这些以后，如果还有剩余的精力，就用来学习文化知识。"

【品读】

孔学的人生第一课便是做人，要求从小注重道德上的修养。有了一定的道德基础，再学习各种知识。德高才浅，只是这个人对社会贡献多少的问题；而无德有才，则是危害社会的问题了。知识对于一个人来说固然很重要，但是人们自身的道德修养却更加重要。一个人只有提高了自己的道德修养，再去学习文化知识，才会离成功更近，成为一个对社会和他人有益的人。

【原典】

子曰："道千乘之国^①，敬事而信^②，节用而爱人，使民以时^③。"

——《论语·学而》

【释文】

①道：通"导"，引导之意。

②敬事："敬"是指对待所从事的事务要谨慎专一、兢兢业业，即今人所说的敬业。

③使民以时："时"指农时。

孔子说："治理拥有一千辆兵车的国家，应该恭敬谨慎地对待政事，并且讲究信用；节省费用，并且爱护人民；征用民力要尊重农时，不要耽误耕种、收获的时间。"

【品读】

孔子这句话，意在告诉大家从政应该遵循的三大原则。对于一个执政者应当以什么样的态度、用什么样的方法和手段，才能让下属心甘情愿地跟着自己，在本章中都有提及。而且，这几个观点全都围绕着同一个对象，那就是"人"。只要执政者以"人"为本，有效团结和控制社会或组织中的人员，那他就是一个好的领导者。即便是现今，他所提出的这种管理原则依然适用。

【原典】

子曰："由，诲汝知之乎！知之为知之，不知为不知，是知也。"

——《论语·为政》

【释文】

知道就是知道，不知道就是不知道，这样才是真正的智慧。

【品读】

这是广为流传的一句孔子名言，被后世用来提醒人们用老实的态度对待知识问题，来不得半点虚伪和骄傲。要养成踏实认真的学习态度，实事求是的作风，避免鲁莽虚荣的风气。

【原典】

子张问仁于孔子，孔子曰："能行五者于天下，为仁矣。""请问之。"曰："恭，宽，信，敏，惠。恭则不侮，宽则得众，信则人任焉，敏则有功，惠则足以使人。"

——《论语·阳货》

【释文】

子张向孔子问仁。孔子说："能够在天下实行五种美德，就是仁了。"子张问："请问是哪五种？"孔子说："恭敬，宽厚，诚信，勤敏，慈惠。恭敬就不会招致侮辱，宽厚就会得到众人的拥护，诚信就会得到别人的任用，勤敏则会取得功绩，慈惠就能够使唤人。"

【品读】

恭、宽、信、敏、惠，现在我们理解起来就是恭敬、宽容、诚信、勤敏、慈惠。这五点代表着道德修养的五个方面，如果能切实要求自己行此五者，就可以成为仁者。

【原典】

子贡问君子，子曰："先行其言而后从之。"

——《论语·为政》

【释文】

子贡问怎样才能做一个君子。孔子说："对于你要说的话，先实行了，然后说出来。"

【品读】

一个能说会道的人，有时固然能够受到大家的欢迎。但是，人活在世上，不可能靠要"嘴皮子"生活下去，要能说更要会做、肯做，这样才是长久之计。

【原典】

子曰："君子欲讷于言而敏于行①。"

——《论语·里仁》

【释文】

①讷（nè）：说话迟钝。

孔子说："君子说话应该谨慎，而行动要敏捷。"

【品读】

说大话容易，做成事困难。许多事情，尤其是社会性工作，表面上看着简单，实际上却是千头万绪。而且，许多时候是有一利必有一弊，看起来是做好事，实际上可能会带来更大的隐患。再说，任何事物都处在时时变动之中，眼前有利，并不代表将来有利；对有些人有利，并不代表着对社会大众有利。如此，不加以深思，也不付诸实践，很难理解做事之难，也不会有长远眼光。少说话，勤观察，理清头绪；重实践，多做事，识得轻重缓急，才是正确的思路。只有知道哪些该做，哪些不该做，才能兴利除弊，造福社会；只有知道先做什么，后做什么，才能提高自己办事的效率，事半功倍。

【原典】

子曰："君子贞①而不谅②。"

【释文】

①贞：正，指固守正道，这里指大信。

②谅：信，指不分是非而守信，这里指小信。

孔子说："君子讲大信，而不拘泥于守小信。"

【品读】

在现代社会，人与人、人与事，事与事之间的关系越来越复杂，但是诚信依然是人际关系的基础，而且诚信的重要作用比先前有过之而无不及。在这纷繁复杂的社会中，我们需要考虑的是，什么样的诺言要践行，什么样的诺言不能践行。总结起来就一点，那就是孔子所说的"贞而不谅"，要在不违背原则的基础上信守承诺。

【原典】

父子有亲，君臣有义，夫妇有别，长幼有叙，朋友有信。

——《孟子·滕文公章句上·第四节》

【释文】

父子间有骨肉之亲，君臣间有礼义之道，夫妻间有内外之别，老少间有尊卑之序，朋友间有诚信之德。

【品读】

古人以君臣、父子、夫妇、兄弟、朋友为"五伦"。伦，人伦，就是人与人之间的道德关系。孟子认为：父子之间有骨肉之亲，君臣之间有礼义之道，夫妻之间挚爱而又内外有别，老少之间有尊卑之序，朋友之间有诚信之德，这是处理人与人之间关系的道理和行为准则。

【原典】

　　鱼，我所欲也；熊掌，亦我所欲也。二者不可得兼，舍鱼而取熊掌者也。生，亦我所欲也；义，亦我所欲也。二者不可得兼，舍生而取义者也。生亦我所欲，所欲有甚于生者，故不为苟得也。

——《孟子·告子上》

【释文】

　　鱼是我想要的，熊掌也是我想要的；如果两者不能都要，便放弃鱼而获取熊掌。生命是我想要的，道义也是我想要的；如果两者不能都要，便放弃生命而获取道义。生命固然是我想要的，但是我想要的还有比生命更宝贵的，所以我不做苟且偷生的事。

【品读】

　　此句比喻面对生命和大义之间的选择，孟子会毅然"舍生而取义者也"。这当中的"义"和文章最后的"此之谓失其本心"的"本心"都是指人的"羞恶之心"。因为人只有拥有"羞恶之心"，才能分清哪些是道德底线可以承受的事，哪些是道德范围内不被接纳的事，哪些是"所欲有甚于生"的事，这样才能不被"宫室之美""妻妾之奉"和"所识穷乏者得我"所诱惑，而像"不食嗟来之食"的人一样，内心有一种凛然的"义"。

【原典】

　　古之欲明明德于天下者，先治其国；欲治其国者，先齐其家；欲齐其家者，先修其身；欲修其身者，先正其心；欲正其心者，先诚其意；欲诚其意者，先致其知；致知在格物。

——《礼记·大学》

【释文】

　　自古以来那些想要让全天下人都显明其明德的人，先要治理好自己的国家，要治好自己的国家，先要整治好自己的家，要整治好自己的家，先要修好己身，要修好身，先要端正自己的心念，要端正自己的心念，就要保持真诚恭敬之意，要想能保持真诚恭敬之意，则要觉悟宇宙人生的真相，要觉悟宇宙人生的真相，则要革除我们内心的各种物欲。

【品读】

　　心正了，身体才会正；身体正了，家才会好；家好了，国民每个人的素质都高了，国家就好了。儒家教育讲心正而后身修，身修而后家齐，家齐而后国治，国治而后天下平。所以我们学习做人要有自我修养，从自己的修养开始，你修养好了，你的家庭就有秩序了；家庭好了，国家就安定、繁荣、团结了；国家安定繁荣了，然后就天下太平了。

【原典】

　　所谓诚其意者，毋自欺也。如恶恶臭，如好好色，此之谓自谦。故君子必慎其独也。

——《礼记·大学》

【释文】

　　所谓诚意，就是不欺骗自己。就像讨厌不好的气味、爱好美好的颜色一样，这就叫做自快自足，毫不造作。所以君子独处的时候，一定要谨慎，不可随便。

【品读】

　　当一个人能够凭着良心去处事待人，事事都不违背自己的良知，而能够逐步显明自己的明德，这个叫做自谦，就会获得真正的喜悦、满足。孔老夫子讲的"学而时习之，不亦说乎"，他很喜悦，为什么喜悦？因为他一天一天的将自己的明德显明出来，一天一天向着止于至善的境界进步。所以，"故君子必慎其独也"。

【原典】

小人闲居为不善，无所不至；见君子而后厌然，掩其不善而著其善。人之视己，如见其肺肝然，则何益矣？此谓诚于中，形于外。故君子必慎其独也。

——《礼记·大学》

【释文】

小人平时做坏事，想不善的事情，无恶不作；见到君子，便躲躲闪闪地掩饰自己的坏处，而表现自己的好处。可是别人看来，好像看见他的肺肝一样清清楚楚，这样掩饰，又有什么益处呢？这就叫做内心真实，一定会体现到外在来。所以君子即使在独处的时候也一定要谨慎，不可随便啊！

【品读】

这里面涉及到一个识人原理，叫"诚中形外"，这里的"中"是指内在。它认为人是一个整体，内在的想法和状态，必然会体现在外。所以《孟子·告子下》说"有诸内必形诸外"，并给出了"观眸识人"的方法。

【原典】

曾子曰："十目所视，十手所指，其严乎！"富润屋，德润身，心广体胖。故君子必诚其意。

——《礼记·大学》

【释文】

曾子说："十双眼睛看着你，十只手指着你，这是多么严厉啊！"财富可以把房子装饰得漂亮，美德可以润泽己身，内心坦然，身体自然安泰。所以君子一定要做到内心的意念都能真实无妄。

【品读】

当一个人独处之际，要有一种高度的道德自觉，做个意念诚实之人，不管是群居之中，还是独处之时，都不会自欺。即便是独处时，也会想象有"十目所视，十手所指"，不会人前人后两个样。

【原典】

所谓修身在正其心者：身有所忿懥①，则不得其正；有所恐惧，则不得其正；有所好乐，则不得其正；有所忧患，则不得其正。心不在焉，视而不见，听而不闻，食而不知其味。此谓修身在正其心。

——《礼记·大学》

【释文】

①忿懥：郑玄注：懥，怒貌也。

所谓修身在端正心念，这是什么意思呢？我们有所愤怒的时候，我们的心念就不能够端正；有所恐惧的时候，我们的心念就不能够端正；有所喜好、逸乐的时候，我们的心念就不能够端正；有所忧患的时候，我们的心念就不能够端正。如果一个人的心不专注，看到东西如同没有看见，听到声音也如同没有听见，吃东西也不知道滋味。这就叫做修身在于端正心念。

【品读】

所谓修养自身品德，在于端正自己的内心。只有端正了自己的思想，才能够做到不偏不倚。人们对于自己所亲所爱的人往往会偏爱，人们对于自己所厌恶的人往往会偏恶，人们对于自己所敬畏的人往往会偏敬，人们对于自己所同情的人往往会偏护，人们对于自己所轻视的人往往会偏轻，代入了自己的情感，有了偏袒，便做不到真正的内心端正。一个内心真正端正的人必会是一个强大的人，想要端正自己的内心，做到随心所欲，由心而发固然是很困难的，但正因有困难才需要我们去砥砺前行。

【原典】

《康诰》曰："如保赤子^①"，心诚求之，虽不中，不远矣。未有学养子而后嫁者也。一家仁，一国兴仁；一家让，一国兴让；一人贪戾，一国作乱。其机如此，此谓一言偾^②事，一人定国。

——《礼记·大学》

【释文】

①如保赤子：《尚书·周书·康诰》原文作"若保赤子。"

②偾（fèn）：败，坏。

《康诰》说："要像养护婴孩一样保护百姓。"诚实地去追求，虽未能事事合理，但距理想也就不远了。从来没有先学会了抚养孩子，再出嫁的啊。在上位的君主能够兴行仁道，一个国家就能够兴起仁义之风；在上位的君主能够处处礼让，一个国家就会兴起人人礼让之风；在上位的君主贪婪暴戾，一国的人都会犯上作乱。治国的关键就在此处，一句话能把事情败坏，一个人能使国家安定。

【品读】

一家讲究仁义，整个国家都会崇尚仁义。一家提倡谦让，整个国家都会推崇谦让。（统治者）一人贪婪暴戾，全国都会群起作乱。两者之间的密切联系就是这样。这就叫做一句话破坏整件事情，一个人安定整个国家。

【原典】

　　仁者以财发身，不仁者以身发财。未有上好仁，而下不好义者也；未有好义，其事不终者也；未有府库财，非其财者也。

——《礼记·大学》

【释文】

　　有仁德的君主散财使人民富足，以发扬己身的德誉；没有仁德的君主牺牲自己的德誉，来增加自己的财富。没有听说过在上位的君主有仁德，而在下位的臣子会违背道义的，没有听说过遵从道义，办事不尽职尽责的；没有府库里的财货，不属于君主所有的。

【品读】

　　有仁爱之心的人，用财来发身，人活着要吃饭、穿衣、住房子，有最基本的衣、食、住、行等生存的需求，在仁者的眼中，财富是用来满足人的这些生活需求，提升精神世界的。

【原典】

孟献子曰："畜马乘，不察于鸡豚；伐冰之家，不畜牛羊；百乘之家，不畜聚敛之臣；与其有聚敛之臣，宁有盗臣。"此谓国不以利为利，以义为利也。长国家而务财用者，必自小人矣；彼为善之。小人之使为国家，菑害并至，虽有善者，亦无如之何矣。此谓国不以利为利，以义为利也。

——《礼记·大学》

【释文】

孟献子说："能自备车驾的官员，不会计较养鸡养猪的小利；家里凿有冰窖供祭祀用的官员，不会计较养牛养羊的生息；拥有百辆兵车的官员，不会任用专事搜刮的家臣；与其有专事搜刮的家臣，宁可有盗窃公家财物的家臣。"这就是说，不要以货财之利为利益，要以道德仁义为国家之利。作为君主，只注重货财之利，一定是从任用小人开始，因为这些人是善于敛财的。让小人来治理国家，天灾人祸必然降临，虽然有贤能的人出来挽救，也没有办法了。这就是"国家不能以货财之利为利益，要以道德仁义为利益"的道理。

【品读】

要想着钱如何用在仁德上，如何用在为更多人搭建平台上，平台搭建得越来越大，就能产生价值，钱躺在那里不会有价值的，这叫"未有府库财，非其财者也"。

【原典】

　　好人之所恶，恶人之所好，是谓拂人之性，菑必逮夫身。是故君子有大道，必忠信以得之，骄泰以失之。

　　　　　　　　　　　　　　　　——《礼记·大学》

【释文】

　　喜爱大家所讨厌的，讨厌大家所喜爱的，这就叫悖逆人性，这样做，灾祸一定会降临到他的身上。因此，君子能够行孝、悌、仁、义的治国大道，一定是从忠信诚敬得来的，君子违背孝、悌、仁、义的治国大道，一定是从傲慢和贪图享受开始的。

【品读】

　　喜好别人所厌恶的，厌恶他人所喜好的，这是违背人本性的。如果人这样做，灾难一定会降临到他的头上。所以一个真正的君子，他一定会坚守大道，一定要靠忠信来得到它。只要是他骄傲放纵，就会失去大道。

【原典】

天命之谓性，率性之谓道，修道之谓教。

——《中庸》

【释文】

上天赋予人的品德叫做本性，顺着本性去做事叫做道，人们培养并遵守道叫做教化。

【品读】

在商周之时，已经有"天命"的说法，当时的统治者们自称"受命于天"，把自己的想法说成是上天的旨意和命令。我国儒家学派保留有"天命"的思想，例如儒家学派创始人孔子就曾说"畏天命""五十而知天命"。"天命"一直是儒家学说的重要内容。

【原典】

道也者，不可须臾离也，可离，非道也。是故君子戒慎乎其所不睹，恐惧乎其所不闻。莫见乎隐，莫显乎微，故君子慎其独也。

——《中庸》

【释文】

这个道，是时时刻刻不能离开的啊，如果可以离开，那就不叫道了。正因为如此，君子在大家看不到的地方也谨慎检点，在大家听不到的地方也常惶恐畏惧。没有什么比隐蔽的东西更易于表现出来的了，没有什么比细微的东西更易于显露出来的了，所以君子一个人的时候也小心谨慎，遵守道德规范。

【品读】

道德是心中的事情，不是装装样子做给别人看的。所以，如果在别人不知道的情况下忽视对自己心灵和行为的约束，就会逐渐滋长出大毛病来。"慎独"强调的是，心中必须具有某种信念，这样才能在别人看不见、听不到的情况下，说话做事也符合道德规范的要求，这可是一种非常崇高的境界。

【原典】

仲尼曰："君子中庸，小人反中庸。君子之中庸也，君子而时中；小人之反中庸也，小人而无忌惮也。"

——《中庸》

【释文】

孔子说："君子说话做事符合中庸的道理，小人说话做事违背中庸的准则。君子的言行符合中庸的道理，是因为他们每时每刻都遵守中庸的要求；小人的言行违背中庸的准则，是因为他们没有什么顾忌和害怕的。"

【品读】

孔子所说的"中"，以我国周代的礼仪为标准，孔子认为对于周礼，要做到既不过分也没有不足。"庸"就是"平常"的意思。可是，现代社会的人们对中庸的理解出现了误差，认为中庸就是平庸、保守、妥协、不求上进的意思，这实际上是对中庸的误解。

【原典】

子曰：“中庸其至矣乎！民鲜能久矣。”

——《中庸》

【释文】

孔子说：“中庸应该是最高的道德吧！可惜人们却很少能够长久地实行它了。”

【品读】

做事情适可而止，本来一点也不困难，因为人的心里有一个尺度，知道什么该做，什么不该做。但是，为什么在实际生活中，要做到适可而止又那么不容易呢？因为，人往往会被外界的某些东西所诱惑，从而迷失本性，以至于做事情的时候不能适当。如果我们能坚守自己心中的道德，不被花花世界所迷惑，做事情的时候要做到适可而止，就很容易的了。

【原典】

子曰："人皆曰予知，驱而纳诸罟、擭、陷、阱之中，而莫之知辟也。人皆曰予知，择乎中庸，而不能期月守也。"

——《中庸》

【释文】

孔子说："人人都说自己聪明，可是假如被驱赶到罗网陷阱中去，却又不知道躲避。人人都说自己聪明，可是选择了中庸的道理后，却连一个月的时间也不能坚持。"

【品读】

人们不能避开灾祸，是因为不懂得中庸的道理。事实上，陷阱是完全可以避免的，中庸也是可以长期坚持的，这些人们都明白，关键还是看人们怎么做。

【原典】

在上位，不陵下；在下位，不援上。正己而不求于人，则无怨。上不怨天，下不尤人。故君子居易以俟命，小人行险以徼幸。

——《礼记·大学》

【释文】

处于高位，不欺侮在低位的人；处于低位，不巴结在高位的人。端正自己而不苛求别人，这样就不会有什么抱怨了。上不怨恨天，下不责怪人。所以，君子安分守己，等待天命的安排，小人却铤而走险，妄图获得不应得的好处。

【品读】

正心诚意地做人，任随时间空间来变化现实，即使不得其时，也可自得其乐。但是一般不学君子之道的小人们，宁可偷巧而去冒险，希望侥幸求得成功，结果都是得不偿失。

【原典】

子曰："素隐行怪，后世有述焉，吾弗为之矣。君子遵道而行，半途而废，吾弗能已矣。君子依乎中庸，遁世不见知而不悔，唯圣者能之。"

——《中庸》

【释文】

孔子说："有些人，专找歪理，做些怪诞的事情来欺世盗名，后代也许还会有人来记述他，为他立传，但我是绝不会这样做的。君子按照中庸之道去做事，有的却半途而废，不能坚持下去，但我是绝不会停止的。君子依照中庸的道理去做事，即使隐居起来不被人知道，也绝对不后悔，这只有圣人才能做得到。"

【品读】

孔子教育我们不要做欺世盗名或半途而废的小人，要做无怨无悔一生追求中庸之道的君子。对于中庸之道的追求，是不分时间、不分地点的。

【原典】

子曰："道不远人。人之为道而远人，不可以为道。《诗》云：'伐柯伐柯，其则不远。'执柯以伐柯，睨而视之，犹以为远。故君子以人治人，改而止。"

【释文】

孔子说："道不会远远地离开人。有人修道故作高深，使中庸之道渐渐与大家远离，那就不能称作修中庸之道了。《诗经》上说：'砍树做斧把啊，砍树做斧把，斧把的样子手中拿。'拿着斧子去砍树做斧把，准备照着旧斧把的样子做新斧把，但是斜着眼睛看上去，斧把的样子好像还是离得很远。所以，君子利用人道来治理人，别人如果有过错，改正了也就可以了。"

【品读】

那么人道是什么呢？如"忠恕"就是。它要求设身处地、将心比心地为他人着想，自己不愿意的事，也不要施加给他人。为人要先严格要求自己，像孔子那样从君臣、父子、兄弟、朋友、夫妻五大人伦方面反省自己，从日常身边的言行做起，符合中道，不萎缩，不极端，言行一致，这就是一个很笃实的人啊！

【原典】

"忠恕违道不远，施诸己而不愿，亦勿施于人。"

——《中庸》

【释文】

"能够做到忠和恕，那就离中庸之道不远了。凡是不愿意加在自己身上的东西，由此推想到别人，也就不能强加在别人身上。"

【品读】

孔子认为君子做事应该符合人道，而人道的原则之一就是"忠恕"，我们经常说的"己所不欲，勿施于人"也就是这个意思。这两个字说起来容易，做起来难。朋友，想想看你在日常生活中做到"忠恕"了吗？

【原典】

"君子之道四，丘未能一焉。所求乎子以事父，未能也；所求乎臣以事君，未能也；所求乎弟以事兄，未能也；所求乎朋友先施之，未能也。庸德之行，庸言之谨，有所不足，不敢不勉，有余不敢尽。言顾行，行顾言，君子胡不慥慥尔！"

——《中庸》

【释文】

"君子要遵循的道有四条，我孔丘一条也没能做到：子女应该孝敬父母，我没能做到；臣民应该忠于国君，我没能做到；弟弟应该尊敬哥哥，我没能做到；朋友应该有信用，我没能做到。平常的道德要实行，平常的言谈应谨慎，我都做得不够圆满，所以不敢不努力去弥补，即使有长于他人的也不敢显露。说话要考虑到能否做到，做事也要考虑到说过的话。这样的君子怎么可能不忠厚诚实呢？"

【品读】

孔子认为，每个人在日常生活中都应该严肃认真、小心谨慎，做一个忠厚诚实的人。

【原典】

君子素其位而行，不愿乎其外。素富贵，行乎富贵；素贫贱，行乎贫贱；素夷狄，行乎夷狄；素患难，行乎患难。君子无入而不自得焉。

——《中庸》

【释文】

君子安于现在所处的地位，去做应该做的事，不对地位以外的名利存非分之想。处于富贵的地位，就做富贵人应该做的事；处于贫贱的状况，就做贫贱人应该做的事；处于边远地区，就做在边远地区应该做的事；处于患难之中，就做在患难之中应该做的事。君子没有什么情况是不能安然自得的。

【品读】

本分是中庸的一种境界。君子为人处世，无论处于怎样的境况，都怡然自得，不想分外的事情，这其实是一种随遇而安。每个人在世界上都会有一个位子，在你的位子上努力活得最好，就足够了。但是，这么简单的事情，也已经很少有人能做到了。

【原典】

在上位，不陵下；在下位，不援上。正己而不求于人，则无怨。上不怨天，下不尤人。故君子居易以俟命，小人行险以徼幸。子曰："射有似乎君子，失诸正鹄，反求诸其身。"

【释文】

处于高位，不欺侮在低位的人；处于低位，不巴结在高位的人。端正自己而不苛求别人，这样就不会有什么抱怨了。上不怨恨天，下不责怪人。所以，君子安分守己，等待天命的安排，小人却铤而走险，妄图获得不应得的好处。孔子说："君子为人处世就像射箭一样，射不中，不怪靶子不正，只怪自己箭术不行。"

【品读】

君子射箭没有射中，不恨靶子不正，而怨自己的箭术不行。这就好像朋友们学习一样，如果考试没考好，不要认为是试卷太难的缘故啊，要多从我们自身去找原因，只有这样，下次考试才能取得进步。

【原典】

　　《诗》曰："嘉乐君子，宪宪令德。宜民宜人，受禄于天。保佑命之，自天申之。"故大德者必受命。

——《中庸》

【释文】

　　《诗经》说："高尚优雅的君子，有光明美好的德行，让人民安居乐业，享受上天赐予的福禄。上天保佑他、任用他，这是上天的意志啊。"所以，有大德的人必然承受天命做天子。

【品读】

　　孔子认为，具有中庸之道的圣人，必定会受到上天的保佑。这其实是在鼓励人们追求道德、刻苦修养。

049

第一篇章　诚实守信

【原典】

故为政在人，取人以身，修身以道，修道以仁。

【释文】

要得到贤臣的辅助就要修养自身品德，修养自身品德就要遵循大道，遵循大道就要从仁爱做起。

【品读】

修身的基本原则是"仁"，而"仁"就是我们大家相亲相爱。朋友，你做到了吗？

【原典】

仁者，人也，亲亲为大；义者，宜也，尊贤为大。

——《中庸》

【释文】

仁就是爱人，爱自己的亲族是最大的仁。义就是事事做得适宜，尊重贤人是最大的义。

【品读】

爱自己的亲人，就是最大的仁。这就教育我们，关爱别人可以从身边做起，从点滴做起。

【原典】

天下之达道五，所以行之者三。曰：君臣也，父子也，夫妇也，昆弟也，朋友之交也。五者，天下之达道也。知、仁、勇三者，天下之达德也。所以行之者一也。

——《中庸》

【释文】

天下通行的道理有五条，实践这五条道理的德行有三种。君臣、父子、夫妇、兄弟、朋友之间的交往，就是天下通行的道理。智慧、仁爱、勇敢，这三者是遍行天下的美德。这些道理和美德的实施，落在一个诚字上。

【品读】

关于智慧、仁爱、勇敢的道理，无论朋友们什么时候明白，都不晚。

【原典】

　　子曰："好学近乎知，力行近乎仁，知耻近乎勇。知斯三者，则知所以修身；知所以修身，则知所以治人；知所以治人，则知所以治天下国家矣。"

　　　　　　　　　　　　　　　　　　　　——《中庸》

【释文】

　　孔子说："喜欢学习就接近智慧了，努力实行就接近仁爱了，知道羞耻就接近勇敢了。知道这三点，就知道修养自己的方法，知道修养自己的方法，就知道治理他人的方法，知道治理他人的方法，就知道治理天下和国家的方法。"

【品读】

　　好学、力行、知耻是修养自己的基础，从它们入手，我们可以很容易具备智慧、仁爱、勇敢这三种美德，将来才能实现自己的理想。

【原典】

　　凡为天下国家有九经，曰：修身也，尊贤也，亲亲也，敬大臣也，体群臣也，子庶民也，来百工也，柔远人也，怀诸侯也。身则道立，尊贤则不惑，亲亲则诸父昆弟不怨，敬大臣则不眩，体群臣则士之报礼重，子庶民则百姓劝，来百工则财用足，柔远人则四方归之，怀诸侯则天下畏之。

——《中庸》

【释文】

　　凡是治理天下，一般有九条原则，那就是：修养自身，尊重贤人，亲爱亲族，敬重大臣，体恤群臣，爱民如子，招纳工匠，善待远客，安抚诸侯。修养自身就能确立正道；尊重贤人就不会思想困惑；亲爱亲族就不会惹得叔伯兄弟怨恨；敬重大臣就不会遇事慌张；体恤群臣，士人们就会尽力报答；爱民如子，老百姓就会努力生产；招纳工匠，财物就会充足；优待远客，四方就会来归顺；安抚诸侯，天下就会敬服。

【品读】

　　治国有九条法宝，第一条是修养自身。

【原典】

"继绝世，举废国，治乱持危，朝聘以时，厚往而薄来，所以怀诸侯也。凡为天下国家有九经，所以行之者一也。"

——《中庸》

【释文】

"延续已经绝后的家族，复兴已经颓废的邦国，治理混乱，解救危难，按时接受朝见，用厚礼回赠诸侯，却让他们以薄礼进贡，这是为了安抚诸侯。总而言之，治理天下有九条原则，但实行这些原则的道理都是一样的，关键在一个'诚'字。"

【品读】

这一节继续介绍如何具体实施治国的九条法宝，而贯穿这九条法宝的原则，就是一个字"诚"，要诚心诚意去做。朋友们可以开动脑筋，看看这九条法宝，是不是也可以用在日常生活中呢？

【原典】

"诚者，天之道也；诚之者，人之道也。诚者，不勉而中，不思而得，从容中道，圣人也。诚之者，择善而固执之者也。"

——《中庸》

【释文】

"真诚，是上天赋予的品德，追求真诚，是做人的原则。天生真诚的人，不用勉强就能做到诚，不用思考就能拥有诚，自然而然地符合上天的原则，这样的人是圣人。努力做到真诚，就是要选择美好的目标并且执著追求。"

【品读】

有人天生具有"诚"的品质，这是圣人，而有人却要经过后天努力，才能拥有"诚"，这是你我这样的普通人。以现在的观点来看，"诚"都是靠自我修养才得来的，哪有什么圣人呢？让我们一起，选择美好的目标并且执著追求吧！

【原典】

自诚明，谓之性。自明诚，谓之教。诚则明矣，明则诚矣。

——《中庸》

【释文】

由内心真诚而自然明白道理，这叫做天性。由明白道理后再做到真诚，这叫做教育。内心真诚就会明白道理，明白道理后也就会变得真诚。

【品读】

这一章继续谈论"诚"的问题。人或者天生具备诚的道德，或者后天修养而具备诚的道德，虽然两者不同，但功用却相通，最终的结果都是一样的。所以朋友们对待他人，要从真诚做起，这是一种道德修养。

【原典】

唯天下至诚，为能尽其性。能尽其性，则能尽人之性。能尽人之性，则能尽物之性。能尽物之性，则可以赞天地之化育。可以赞天地之化育，则可以与天地参矣。

——《中庸》

【释文】

只有天下最真诚的人，才能充分发挥自己的天赋本性。能充分发挥自己的天赋本性，就能充分发挥众人的天赋本性。能充分发挥众人的天赋本性，就能充分发挥万物的天赋本性。能充分发挥万物的天赋本性，就可以帮助天地养育万物。能帮助天地养育万物，就可以与天地并列了。

【品读】

这里，强调发挥个人的精神力量，来改变世界、创造世界。一个人必须有良好的道德、良好的心理素质，以及改造世界的信心，这样他才能做自己的主人，他才能生活得很快乐。

【原典】

其次致曲，曲能有诚。诚则形，形则著，著则明，明则动，动则变，变则化。唯天下至诚为能化。

——《中庸》

【释文】

比圣人差一些的贤人，从平日一言一行着手。在细微处下工夫，也能达到真诚的境界。做到了真诚，真诚就会表现出来，表现出来就会逐渐显著，显著了就会发扬光大，发扬光大就会感动他人，感动他人就会使人转变，使人转变就能感化民众。只有天下最真诚的人才能感化民众。

【品读】

人们应该在小事情上下工夫，而这一切还是要从"诚"出发。"诚"是一切的基础，它的作用非常大，只有天下最真诚的人才能感化万事万物。朋友，你拥有了"诚"的品德吗？

【原典】

至诚之道，可以前知。国家将兴，必有祯祥；国家将亡，必有妖孽。见乎蓍龟，动乎四体。祸福将至，善，必先知之；不善，必先知之。故至诚如神。

——《中庸》

【释文】

真诚到极点，可以预知未来。国家将要兴旺，必然有吉祥的征兆；国家将要衰亡，必然有不祥的反常现象。或者呈现在占卜的蓍草龟甲上，或者表现在人的动作状态上。祸福将要来临时，是福可以预先知道，是祸也可以预先知道。所以真诚至极就像神灵一样灵验。

【品读】

古代社会，人们不具备科学思想，对未来的预测，主要通过占卜的方式进行，这当然是一种封建迷信。但是，这几句话认为"诚"如神灵一般可以预知未来的吉凶，在当时却是有积极意义的。

【原典】

　　诚者，自成也；而道，自道也。诚者，物之终始，不诚无物。是故君子诚之为贵。诚者，非自成己而已也，所以成物也。成己，仁也；成物，知也。性之德也，合外内之道也，故时措之宜也。

　　　　　　　　　　　　　　　　——《中庸》

【释文】

　　真诚是人的自我完善，道是人自己引导自己。真诚，贯穿一切事物的始终，没有真诚就没有万物。因此君子以真诚为贵。不过，真诚并不是自我完善就够了，还要完善万事万物。自我完善是仁义的表现，完善万事万物是智慧的表现。诚是本性中固有的品德，是将外物与自身合二为一的准则，所以任何时候施行都是合适的。

【品读】

　　"诚"贯穿于万事万物的始终，无处不在，它是人性中固有的品德。我们仅仅用诚来完善自己的人格是不够的，我们还应该用自己的诚来影响他人、感染他人。如果每个人都奉献一点点真诚，那么世界将成为美好的人间。

【原典】

　　故至诚无息，不息则久，久则征，征则悠远，悠远则博厚，博厚则高明。

——《中庸》

【释文】

　　所以，真诚至极是永不停止的。永不停止就会保持长久，保持长久就会有效验，有效验就会悠远无穷，悠远无穷就会广博深厚，广博深厚就会高大光明。

【品读】

　　诚的意义和作用是鼓励人们永不停止地追求诚。这里说的是人如果与自然界和谐相处，就会对自然界的变化起作用，而且不损害大自然。

【原典】

天地之道，可一言而尽也。其为物不贰，则其生物不测。天地之道，博也，厚也，高也，明也，悠也，久也。

——《中庸》

【释文】

天地的道理，可以用一个"诚"字来概括。因为诚本身专一不二，所以生育万物，深奥难测。天地的道理，就是广博、深厚、高大、光明、悠远、长久。

【品读】

诚的作用很大，天地山水、宇宙星空都可以用诚来概括。因为有了诚，才有了我们美丽的世界。朋友，渐渐长大的你，是否思考过天地人生的大道理呢？

【原典】

唯天下至圣，为能聪明睿知，足以有临也；宽裕温柔，足以有容也；发强刚毅，足以有执也；齐庄中正，足以有敬也；文理密察，足以有别也。

——《中庸》

【释文】

只有天下最伟大的圣人，才聪明智慧，能够统治天下；才宽宏大量、温和柔顺，能够包容天下；才奋发勇敢，刚强坚毅，能够决断大事；才威严庄重，忠诚正直，能够博得人们的尊敬；才条理清晰，详辨明察，能够辨别是非和邪正。

【品读】

这一章谈到的至圣之人，实际上指的是孔子。朋友不要觉得美德只有圣人才配拥有哦，仔细想一想，你是不是具备其中的一些呢？

【原典】

《诗》曰:"衣锦尚纲。"恶其文之著也。故君子之道,暗然而日章;小人之道,的然而日亡。君子之道,淡而不厌,简而文,温而理,知远之近,知风之自,知微之显,可与入德矣。

——《中庸》

【释文】

《诗经》说:"内穿锦缎,外面罩件麻纱衣。"这是为了避免锦衣花纹太显眼,所以,君子的道德深藏不露而又日益明显;小人的道德显露无遗而日益消亡。君子的道,平淡而从不厌倦,简朴而内有文采,温和而有条理,懂得远从近开始的道理,懂得风气有源头的道理,懂得微小的事物一定会显露的道理,这样,就可以进入道德的境界了。

【品读】

君子的道德就像内穿锦缎外罩麻衣,虽然深藏不露,但却日益明显。这就好像我们平时说的,是金子总会发光的。

【原典】

　　《诗》云："潜虽伏矣，亦孔之昭。"故君子内省不疚，无恶于志。君子之所不可及者，其唯人之所不见乎。

——《中庸》

【释文】

　　《诗经》说："潜藏虽然深，但也会很明显。"所以君子经常自我反省而没有不安，心志没有惭愧。君子的德行之所以高于一般人，大概就是君子在不被人看见的地方也严格要求自己吧！

【品读】

　　君子慎独，因此君子内心不会感到愧疚，这是君子高于一般人的地方。我们经常说，做人要对得起良心，也就是这个意思。无论是有人在场还是没人在场，做事都一样。

【原典】

《诗》云："相在尔室，尚不愧于屋漏。"故君子不动
而敬，不言而信。

——《中庸》

【释文】

《诗经》说："看你独自在室内的时候，也能无愧于神
明。"所以，君子就是在没做什么事的时候，也能表现出他
的恭敬，就是在没说什么话的时候，也能表现出他的诚信。

【品读】

君子没有行动之前，先存恭敬之心；没有说话之前，
先存诚信之心。君子慎独。

【原典】

子曰："为政以德，譬如北辰，居其所而众星共之①。"

——《论语·为政》

【释文】

①共（gǒng）：同"拱"，环绕。

【品读】

孔子说："用道德的力量去治理国家，自己就会像北极星那样，安然处在自己的位置上，别的星辰都环绕着它。"

【原典】

　　子张学干禄^①，子曰："多闻阙疑^②，慎言其余，则寡尤，多见阙殆^③，慎行其余，则寡悔。言寡尤，行寡悔，禄在其中矣。"

——《论语·为政》

【释文】

　　①子张：孔子的学生，姓颛（zhuān）孙，名师，字子张。干禄：谋求禄位。

　　②阙疑：把疑难问题留着，不下判断。阙，通"缺"。

　　③阙殆：与"阙疑"对称，同义，故均译为"怀疑"。

　　子张请教求得官职俸禄的方法。孔子说："多听，把不明白的事情放到一边，谨慎地说出那些真正懂得的，就能少犯错误；多观察，不明白的就保留心中，谨慎地实行那些真正懂得的，就能减少事后懊悔。言语少犯错误，行动很少后悔，自然就有官职俸禄了。"

【品读】

　　孔子教导学生要慎言慎行，言行不犯错误。他认为，身居官位者，要说有把握的话，做有把握的事，这样可以减少失误，减少后悔，这是对国家对个人负责任的态度。当然，这里所说的并不仅仅是一个为官的方法，也是立身于社会的基本原则。

【原典】

哀公问曰^①："何为则民服？"孔子对曰："举直错诸枉^②民服；举枉错诸直，则民不服。"

——《论语·里仁》

【释文】

①哀公：鲁国国君，姓姬，名将，鲁定公之子，在位二十七年，"哀"是谥号。

②错：同"措"，安置。诸："之于"的合音。枉：邪曲。

【品读】

鲁哀公问道："我怎么做才能使百姓服从呢？"孔子答道："把正直的人提拔上来，使他们位居不正直的人之上，则百姓就服从了；如果把不正直的人提拔上来，使他们位居正直的人之上，百姓就会不服从。"

【原典】

子曰："不仁者不可以久处约①，不可以长处乐。仁者安仁，知者利仁②。"

——《论语·里仁》

【释文】

①约：穷困之意。

②知（zhì）：同"智"。

孔子说："没有仁德的人不能够长久地安于穷困，也不能够长久地处于安乐之中。有仁德的人长期安心于推行仁爱精神，聪明的人认识到仁对他有长远的利益而实行仁。"

【品读】

贫富沉浮可能大多数人都会在人生中经历，但每个人对处在这样的境遇中有着不同的心态。不仁之人，不可以久处贫困，久困则为非。也不可以长处富乐，长富则容易滋生骄奢淫逸之心。仁者宅心仁厚，为仁无所希求，只求心安理得，不会因为身处贫困而忧心悲戚，也不因为身居富贵而骄奢凌人，有着平和的心态和不易的情操志向，是为安仁。智者有洞明之识见，认识到仁对他有长远的利益而实行仁。

【原典】

　　子曰："唯仁者能好人①，能恶人②。"

——《论语·里仁》

【释文】

　　①好（hào）：爱好。

　　②恶（wù）：厌恶。

　　孔子说："只有讲仁爱的人，才能够正确地喜爱别人、厌恶别人。"

【品读】

　　儒家在讲"仁"的时候，并非局限于"爱人"的一面，也有"恶人"的一面。孔子认为，不仁之人多是心存私欲，并受此蒙蔽，他们眼中的善恶并非是真正的善恶。只有心怀仁德之人，才会不受私欲的影响，明辨是非善恶。也就是说，只要做到了"仁"，就能公平公正地对他人做出评价，分辨善与恶。

【原典】

　　子曰："苟志于仁矣，无恶也。"

——《论语·里仁》

【释文】

　　孔子说："如果立志追求仁德，就不会去做坏事。"

【品读】

　　仁者立志于仁，以爱人之心为本，故能以仁厚待人。遇到好人，固然能以善心待之。遇到恶人，亦能以善心仁德劝之改恶向善。所以，一个人如果能立志于仁，就不会有向恶之心、从恶之行。

【原典】

子曰："富与贵，是人之所欲也；不以其道得之，不处也。贫与贱，是人之所恶也；不以其道得之，不去也。君子去仁，恶乎成名？君子无终食之间违仁，造次必于是，颠沛必于是。"

——《论语·里仁》

【释文】

孔子说："金钱和地位，是每个人都向往的，但是以不正当的手段得到它们，君子不享受。贫困和卑贱，是人们所厌恶的，但是不通过正当的途径摆脱它们，君子是不会摆脱的。君子背离了仁的准则，怎么能够成名呢？君子不会有吃一顿饭的时间离开仁德，即使在匆忙紧迫的情况下也一定要遵守仁的准则，在颠沛流离时也和仁同在。"

【品读】

每个人都想过上富裕的生活，摆脱贫困的局面，这本是好事。但是，对于君子而言，富与贵应当取之有道。即便贫困的生活再不好，想要去之也应有道，这才是君子所为。而这个道，就是仁义之道，它是君子安身立命的基础。无论是富贵还是贫贱，无论是在仓促之间还是颠沛流离之时，都不能违背这个原则。

子曰："人之过也，各于其党①。观过，斯知仁矣②。"

——《论语·里仁》

【释文】

①党：类别。

②斯：则，就。仁：通"认"。

孔子说："人们所犯的错误，类型不一。所以观察一个人所犯错误的性质，就可以知道他的为人。"

【品读】

人能通过行为举止来掩饰自己的内心，但很难在犯错上掩饰自己人性上的善恶、性格上的缺陷以及情感上的好恶。那些粗暴虐待他人的人，秉性肯定是凶残的；那些索贿受贿的人，必然是贪婪的；那些冒失犯错的，肯定有勇敢或莽撞的性情。从他们的错误或过失中，不难察觉他们的本性。

【原典】

子曰："君子之于天下也，无适也^①，无莫也^②，义之与比^③。"

——《论语·里仁》

【释文】

①适（dí）：意为专主、依从。

②莫：不肯。无适无莫，指做事不固执。

③义：适宜、妥当。比：亲近、相近。

孔子说："君子对于天下的事，没有规定一定要怎样做，也没有规定一定不要怎样做，而只考虑怎样做才合适恰当，就行了。"

【品读】

君子处世以义为准则。弦高面前摆着两样东西，一样是利益——国家对他的酬谢；一样是道义——国家的风气。二者格格不入，因为他是凭着欺诈立的功，如果他接受赏赐，就意味着国家赞许不道德的行为，这实际上是为国民树立一个坏榜样，所以，弦高拒绝了利益，远走他乡，把自己像个罪人似的流放了。

【原典】

宰予昼寝。子曰："朽木不可雕也，粪土之墙不可杇^①也。于予与^②何诛？"子曰："始吾于人也，听其言而信其行；今吾于人也，听其言而观其行。于予与改是。"

——《论语·公冶长》

【释文】

①杇（wū）：同"圬"，指涂饰，粉刷。

②与（yú）：语气词。诛：意为责备、批评。

宰予在白天睡觉。孔子说："腐朽了的木头不能雕刻，粪土一样的墙壁不能粉刷。对宰予这个人，不值得责备呀！"孔子又说："以前，我对待别人，听了他的话便相信他的行为；现在，我对待别人，听了他的话还要观察他的行为。我是因宰予的表现而改变了对人的态度的。"

【品读】

我们身边有许多言行不一者，却缺少言行如一者。言行是否一致，是我们观察和判断一个人是否可以信任的重要标准，在结交朋友或选拔人才时，我们应该寻找言行一致者，试想，大家若是全都言行不一，这个社会就没有诚信可言，社会秩序就会发生混乱。

【原典】

　　子谓子产①："有君子之道四焉：其行己也恭，其事上也敬，其养民也惠，其使民也义。"

——《论语·公冶长》

【释文】

　　①子产：姓公孙，名侨，字子产，郑国大夫。做过正卿，是郑穆公的孙子，为春秋时郑国的贤相。

　　孔子评论子产说："他有四个方面符合君子的标准：他待人处世很谦恭，侍奉国君很负责认真，养护百姓有恩惠，役使百姓合乎情理。"

【品读】

　　君子四德，是儒家对领导者提出的要求。首先，作为一个领导者，应该尽量培养出自己特有的人格魅力，即"行己恭"。这是对自身操行的要求，是一种自我修养的方式。也就是说，作为领导者而言，应当时刻注意好自己的言行，给自己的下属做好榜样。正所谓"己不正，焉能正人"？做领导的若是整天无所事事，或是横行乡里，那他的属下肯定也会上行下效。另外，领导者的人格魅力，在很大程度上影响着一个团队。

【原典】

子曰："质胜文则野，文胜质则史。文质彬彬^①，然后君子。"

——《论语·雍也》

【释文】

①文质彬彬：文质配合适当。

孔子说："质朴多于文采就难免显得粗野，文采超过了质朴又难免流于虚浮，文采和质朴完美地结合在一起，这才能成为君子。"

【品读】

这是孔子的传世名言。它高度概括了文与质的合理互补关系和君子的人格模式。未经加工的质朴是朴实淳厚的，但容易显得粗野。后天习得的文饰，虽然华丽可观，但易流于虚浮。只有文、质双修，才能成为合格的君子。孔子的文质思想经过两千多年的历史实践，成为中国人"君子"形象最为鲜明的写照，对后世产生了深远的影响。

【原典】

　　子曰："中庸之为德也①，其至矣乎！民鲜久矣②。"

　　　　　　　　　　　　　　　　——《论语·雍也》

【释文】

　　①中庸：孔子学说的一种最高道德标准。中，折中，调和，无过之也无不及。庸，平常，普通。

　　②鲜（xiǎn）：少。

　　孔子说："中庸作为一种道德，该是最高等的了！但人们已经长久缺乏这种道德了。"

【品读】

　　中庸是一种高度和谐的思想。调和与均衡是事物发展过程中的一种状态，这种状态是相对的、暂时的，却是人们所应当追求的。孔子揭示了事物发展过程的这一状态，并概括为"中庸"。中庸不是和稀泥，不是"骑墙"，而是一种完满状态。

【原典】

　　子曰："德之不修,学之不讲,闻义不能徙,不善不能改,是吾忧也。"

——《论语·雍也》

【释文】

　　孔子说:"不去培养品德,不去讲习学问,听到义在那里却不能去追随,有缺点而不能改正,这些都是我所忧虑的。"

【品读】

　　孔子提出了自己的四大忧虑,即"道德不修、学问不讲、知善不从、有过不改"。如果我们来个反向思考,就可以说孔子对我们的个人修养提出了四条建议,一是加强道德培养,二是勤奋为学,三是择善固执,多行义举,四是有了错误及时改正。这四点建议能够促使我们不断进步,实现自我完善。

【原典】

子曰："志于道，据于德，依于仁，游于艺①。"

——《论语·雍也》

【释文】

①艺：指六艺，包括礼、乐、射、御、书、数。

孔子说："以道为志向，以德为根据，以仁为依靠，而游憩于礼、乐、射、御、书、数六艺之中。"

【品读】

青少年要以道为方向，以德为立脚点，以仁为根本，以六艺为涵养之境，使自身能够得到全面的发展。

子曰:"古者言之不出,耻躬之不逮^①也。"

——《论语·里仁》

【释文】

①逮(dài):及,赶上。

孔子说:"古代的君子从不轻易地发言表态,他们以说了而做不到为可耻。"

【品读】

在孔子的眼中,做人应当谨言慎行,不要轻易地对他人作出许诺。若是做不到的话,很有可能会失信于人,影响到自己的威信,难以服众。"君子一言,驷马难追",说的就是要遵守诺言和说话要算数的道理。

【原典】

　　唯天下至诚，为能经纶天下之大经，立天下之大本，知天地之化育。夫焉有所倚？肫肫其仁，渊渊其渊，浩浩其天。苟不固聪明圣知达天德者，其孰能知之。

——《中庸》

【释文】

　　只有天下最真诚的人，才能制定治理天下的法则，树立天下的根本，掌握天地养育万物的深刻道理。他需要依靠些什么呢？他的仁心那样真挚诚恳，他的智慧像水那样深沉渊博，他的美德像苍天那样浩然广阔。如果不是本来就聪明智慧，通达天赋美德的人，还有谁能知道天下地地道道的真诚呢？

【品读】

　　在现代社会，只要每个人注意修身养性，为社会的发展贡献自己的一分光一分热，那么每个人都能与圣人相比。

【原典】

孟子曰："君子不亮，恶乎执？"

——《孟子·告子》

【释文】

孟子说："君子不讲诚信，那秉持什么呢？"

【品读】

孟子之"信"德有以下几个维度：第一、信以立身。第二、信以处世。第三、信以为政。孟子认为"信"德对于国家的安定，对于仁政的贯彻、执行具有非常重要的作用。

第二篇章　敬重感恩

【原典】

子曰："父母之年，不可不知也。一则以喜，一则以惧。"

——《论语·里仁》

【释文】

孔子说："父母的年纪不能不知道，一方面因其长寿而高兴，一方面又因其年迈而有所担忧。"

【品读】

记住父母的生日，是孝道的具体表现。之所以这样说，有两点原因，即孔子所说的"一则以喜，一则以惧"。一个真正孝顺父母的人，会非常关心父母的年龄和生日，他们会为父母健康、得享高寿而高兴。这样不仅能与父母同享天伦之乐，自己也会有足够时间孝敬他们。但是，他们也会因此而惧怕自己陪伴在父母跟前的日子又短了些，不能尽孝于他们。也就是说，父母的生日在他们的心里可能永远都是惧大于喜的，因为自己能做的太少，而父母能给的太多了。若是等到父母不在的时候你才幡然醒悟，你就算是捶胸顿足也无济于事，想后悔都来不及了。

【原典】

子曰："父在，观其志^①。父没，观其行^②。三年无改于父之道，可谓孝矣。"

——《论语·学而》

【释文】

①其：指儿子，不是指父亲。

②行（xíng）：行为。

孔子说："当他父亲活着时，要看他本人的志向；他父亲去世以后，就要考察他本人的具体行为了。如果他长期坚持父亲生前那些正确原则，就可以说是尽孝了。"

【品读】

任何事物都是由量变到质变才完成进化的，想要做个孝子也是如此，只有将自己的孝心体现在点点滴滴的生活细节中，才是真的孝顺父母。而且，真正的孝子，不论父母生前还是死后，他们对父母的恭敬和教诲都不会忘记。因为父母活在他们的心中，他们对父母的孝顺是从心底发出来的，从不敢忘却。

【原典】

　　子游问孝^①，子曰："今之孝者，是谓能养。至于犬马，皆能有养。不敬，何以别乎？"

——《论语·为政》

【释文】

　　①子游：孔子的高足，姓言，名偃，字子游，吴人。

　　子游请教孝道，孔子说："现在所说的孝，指的是养活父母便行了。即使狗和马，也都有人饲养。对父母如果不恭敬顺从，那和饲养狗马有什么区别呢？"

【品读】

　　现代人对父母最常用的一句话是"老有所养"，并且认为做到这一点就是尽孝了。但在孔子看来，这个观点是错误的，一个人如果对自己的父母只有养，而没有孝敬的心，就与养些犬马没有区别。若是真心孝事父母的话，就不应仅停留在养的表面上，对父母的孝应当是发自内心深处的敬爱，这才符合孝道。

【原典】

　　子夏问孝，子曰："色难①。有事，弟子服其劳②；有酒食③，先生馔④；曾是以为孝乎⑤？"

——《论语·为政》

【释文】

　　①色难：有两种解释，一说孝子侍奉父母，以做到和颜悦色为难；一说难在承望、理解父母的脸色。今从前解。

　　②弟子：年轻的子弟。

　　③食：食物。

　　④先生：与"弟子"相对，指长辈。馔：吃喝。

　　⑤曾：副词，竟然的意思。

　　子夏问什么是孝道，孔子说："侍奉父母经常保持和颜悦色最难。遇到事情，由年轻人去做；有好吃好喝的，让老年人享受，难道这样就是孝吗？"

【品读】

　　这里最重要的一个词是"色难"，其意思是指在侍奉父母的时候，想要长期保持着和颜悦色的状态很难。大家都知道，凡事都可以勉强，唯有面色不大容易伪装，因为人的神情是由心理决定的。只有对自己父母有着深切笃定的孝心，才会由衷地表现出愉悦和婉的神色。所以说，若能在父母面前一直保持着和悦的神色，就能算作真孝顺了。

【原典】

子曰："事父母几谏①。见志不从，又敬不违，劳而不怨②。"

——《论语·里仁》

【释文】

①几（jǐ）：轻微，婉转。

②劳：劳心；担忧。

孔子说："侍奉父母，对他们的缺点应该委婉地劝止，如果自己的意见没有被采纳，仍然要对他们恭敬，不加违抗，替他们操劳而不怨恨。"

【品读】

在孔子看来，做子女的侍奉父母是天经地义的事情。不过，做子女的对于父母的要求也不能一味地服从，否则就是愚孝。对的，我们当然要听，可是不对的地方，我们就得婉转地提出来，不过得注意下技巧，不能直言规劝。若是他们能够知错改错，自是再好不过。可是，他们若是一时难以接受，也不能强迫他们改变自己的观点，否则就是忤逆的表现。

【原典】

子曰"孝哉闵子骞！人不间于其父母昆弟之言①。"

——《论语·先进》

【释文】

①间（jiàn）：空隙。用作动词，表示找空子。不间，找不到空子。

孔子说："闵子骞真是孝顺呀！人们对于他的父母兄弟称赞他的话没有异议。"

【品读】

中国有句古话说"百善孝为先"，另有二十四孝的故事和《孝经》传世，足见社会对孝的重视。孔子在这里不吝美言地极力赞扬闵子骞，也正是由于其事亲至孝的缘故。

很多人可能对闵子骞所知不多，但相信不少人对"鞭打芦花"的故事都有所耳闻。据说闵子骞10岁时丧母，其父续弦再娶，后母带来两个弟弟。后母对家里的三个儿子态度迥异，颇有偏私之心。冬天到了，她为自己的孩子做了又厚又暖的棉衣，却为闵子骞做了一件芦花衣。芦花衣内缝芦花，外表蓬松柔软却并不御寒，所以闵子骞经常被冻得打哆嗦。有一次父亲外出，闵子骞驾车，手冻得抓不住缰绳和马鞭。其父见状非常生气，一把夺过鞭子向他抽去。鞭子将衣服抽破了，芦花露了出来。闵父大惊，带着他回家质问后母，想休了她。但闵子骞跪在地上为后母求情，说"母在一子寒，母去三子单"。其父这才平息怒气，后母从此后改过自新，一家人和睦起来。后来，闵子骞拜孔子为师。孔子听说这件事后，对其大加赞赏。在孔子眼里，闵子骞可谓至孝。

【原典】

曾子曰："吾闻诸夫子：孟庄子之孝也①，其他可能也，其不改父之臣与父之政，是难能也。"

——《论语·子张》

【释文】

①孟庄子：名速，鲁国大夫，孟献子的儿子。

曾子说："我听老师说过，孟庄子的孝，其他方面别人可以做到，而他不改换父亲的旧臣和父亲的政治措施，这是别人难以做到的。"

【品读】

孟庄子这种尽孝，表现出以国事为重的高尚品质。在我国，孝是一种非常重要的德行。狭义的孝，是孝亲敬长。广义的孝，更扩展到立身、齐家、治国、平天下的大道。孟庄子遵守"三年无改于父之道"（《学而篇》）的原则，对于父亲孟献子的大臣和行政措施，都不加以改变。所以曾子转述孔子的话，赞美孟庄子的孝行难能可贵。

【原典】

孟懿子问孝①，子曰："无违②。"樊迟御③，子告之曰："孟孙问孝于我，我对曰，无违。"樊迟曰："何谓也？"子曰："生，事之以礼；死，葬之以礼，祭之以礼。"

——《论语·为政》

【释文】

①孟懿子：鲁国大夫，姓仲孙，名何忌。懿，谥号。

②无违：不要违背礼节。

③樊迟：孔子的学生，姓樊，名须，字子迟。御：驾车，赶车。

孟懿子问什么是孝道。孔子说："不要违背礼节。"不久，樊迟替孔子驾车，孔子告诉他："孟孙问我什么是孝道，我对他说，不要违背礼节。"樊迟说："这是什么意思？"孔子说："父母活着的时候，依规定的礼节侍奉他们；死的时候，依规定的礼节安葬他们，祭祀他们。"

【品读】

孔子极其重视孝，要求人们对自己的父母尽孝道，无论他们在世或去世，都应如此。但这里着重讲的是，尽孝时不应违背礼的规定，否则就不是真正的孝。他主张，属于家庭伦理范畴的孝道不能越出作为政治伦理原则的"礼"的规定。可见，孝不是随意的，必须受礼的规制，依礼而行才是孝。

【原典】

孟武伯问孝①，子曰："父母唯其疾之忧②。"

——《论语·为政》

【释文】

①孟武伯：上文孟懿子的儿子，名彘（zhì），"武"是谥号。

②其：指孝子。

孟武伯问什么是孝道，孔子说："父母只为孩子的疾病担忧（而不担忧别的）。"

【品读】

在这里，孔子强调孝顺的子女应当爱护好自己的身体，不要让父母为自己担心。同时，做子女的也应多关心父母的健康，以回报父母的养育之恩。其实，孔子说这句话的时候，还有着另外一层意思。他觉得真正的孝子，绝不会让父母为自己的言行忧虑，他们所担心的只能是自己的健康，而非德行方面的问题。因此，倘若在德行上没有问题的话，保证好自身的健康，就是在尽最大的努力孝敬父母。

【原典】

　　季康子问①："使民敬、忠以劝②，如之何？"子曰："临之以庄，则敬；孝慈，则忠；举善而教不能，则劝③。"

　　　　　　　　　　　　　　　　　　　——《论语·为政》

【释文】

　　①季康子：鲁大夫季桓子之子，鲁国正卿，"康"是谥号。

　　②以：通"与"，可译为"和"。

　　③劝：勉励的意思。

　　季康子问："要使百姓恭敬、忠诚并互相勉励，该怎么做？"孔子说："如果你用庄重的态度对待他们，他们就会恭敬；如果你能孝顺父母、爱护幼小，他们就会忠诚；如果你能任用贤能之士，教育能力低下的人，他们就会互相勉励。"

【品读】

　　季康子身为鲁国的正卿，是鲁国当时的三大权臣之一。他向孔子请教如何治理百姓，让百姓安心接受自己的统治。孔子的回答言简意赅，没有丝毫的拖泥带水。他明确指出，要想让百姓恭敬，统治者必须"临之以庄"，意思是说，为政者在面对老百姓的时候，只有保持着庄重严肃的态度，才会赢得人们的恭敬。也就是说，若是想让别人尊敬你，首先你得尊敬别人才行，这是礼"上"往来。

【原典】

　　或谓孔子曰^①："子奚不为政^②？"子曰："《书》云^③：'孝乎惟孝，友于兄弟。施于有政^④。'是亦为政，奚其为为政？"

　　　　　　　　　　　　　　　　　——《论语·为政》

【释文】

　　①或：有人。

　　②奚（xī）：疑问词，当"何、怎么、为什么"讲。

　　③《书》：指《尚书》。"《书》云"以下二句见伪《古文尚书·君陈》，略有出入，可能是《尚书》逸文。

　　④施于有政："有"在此无实在的意义。

　　有人问孔子说："您为什么不当官参与政治呢？"孔子说："《尚书》中说：'孝呀！只有孝顺父母，才能推广到友爱兄弟。并把孝悌的精神扩展、影响到政治上去。'这也是参与政治，为什么一定要当官才算参与政治呢？"

【品读】

　　孔子一直看重孝道价值，并把它提高到治国方略的地位，认为将友爱、孝顺之心延及社会事务之中，就是在完善政治。他指出，要是将家庭关系、朋友关系都处理好了，整个社会自然就会和谐，这也是参与政治的一种方式。在孔子眼中，孝亲也是为政，没有必要非去做官不可，政治是无处不在的。

【原典】

子曰："禹，吾无间然矣①。菲饮食，而致孝乎鬼神②；恶衣服，而致美乎黻冕③；卑宫室，而尽力乎沟洫④。禹，吾无间然矣！"

——《论语·泰伯》

【释文】

①间（jiàn）然：意见。间，空隙。

②菲（fěi）：薄。乎：相当于"于"。

③黻（fù）冕（miǎn）：古代祭祀时的衣帽。

④沟洫（xù）：沟渠，指农田水利。

孔子说："禹，我对他没有意见了。他自己的饮食吃得很差，却用丰盛的祭品孝敬鬼神；他自己平时穿得很坏，却把祭祀的服饰和冠冕做得华美；他自己居住的房屋很差，却把力量完全用于沟渠水利上。禹，我对他没有意见了。"

【品读】

大禹不追求个人的享乐和虚荣，敬仰天地鬼神，隆重地举行祭祀，自己的宫室低矮卑下，却尽力于为民兴修沟渠水利，可见他不仅个人人格完满，而且是个厚爱百姓的君王。故孔子盛赞大禹的功德，表示对他已经无可非议了。

【原典】

老吾老，以及人之老；幼吾幼，以及人之幼。天下可运于掌。

——《孟子·梁惠王上》

【释文】

尊敬自己的父母，并且将这种感情推及到别人的父母身上，爱护自己的儿女，并且将这种感情推及到别人的儿女身上。那么治理天下就可以向在手掌上转动东西一样容易了。

【品读】

"孝"作为中华民族的传统，已经融入了中华儿女的血液。尊敬老人是我们中华民族几千万年的历史文化凝聚而成的社会道德准则，是中华民族几千年灿烂历史文化重要组成部分。当今社会，老年人作为弱势群体，他们需要全社会的关心与爱护，要实现社会的全面进步，尊敬老人是我们责无旁贷的义务。中国将要进入老龄社会了，尊敬老人是每时每刻都要做的，让我们从我做起，从身边做起，从点点滴滴做起，关爱我们身边的老人，我们也有老了的那一天，那时，也会得到别人的关爱，中国这美德将代代相传。

【原典】

孟子曰："不得乎亲，不可以为人；不顺乎亲，不可以为子。"

——《孟子·离娄上》

【释文】

孟子说："儿女与父母的关系相处得不好，不是一个合格的人；不能使父母高兴，便不是合格的儿女。"

【品读】

日常生活中，要与自己的父母和平相处，友爱陪伴，父母本就是自己最亲近的人，我们没有必要将最坏的情绪留给父母，让他们伤心，更不能与父母进行冷战，在父母面前，自己退让一步，不丢人。舜之着重使父亲鼓瞍达到了高兴、愉快的心情，是因为他必须树立起一个榜样，使来归附他或者归附别人的人从中学习到人与人之间的伦理关系。这就是舜的最佳行为方式。

【原典】

孟子曰："老吾老以及人之老，幼吾幼以及人之幼。"

——《孟子·梁惠王上》

【释文】

孟子说："尊敬自家的长辈，推广开去也尊敬别人家的长辈；爱抚自家的孩子，推广开去也爱抚别人家的孩子。"

【品读】

在赡养孝敬自己的长辈时不应忘记其他与自己没有亲缘关系的老人。在抚养教育自己的小辈时不应忘记其他与自己没有血缘关系的小孩。

孟子在描述他所理想的社会时说："老吾老以及人之老，幼吾幼以及人之幼。"这与孔子对大同之世的理解"故，人不独亲其亲、不独子其子，使老有所终、壮有所用、幼有所长、矜寡孤独废疾者皆有所养"的思想是一脉相承的。这无疑是我中华民族长期一贯的传统博爱思想。

【原典】

孟子曰："亲亲，仁也；敬长，义也。"

——《孟子·尽心上》

【释文】

孟子说："亲爱父母亲，便是仁；尊敬兄长便是义。"

【品读】

包容父母，这是一个最常面对，却最容易被忽略的问题。很多人都以为这是无关紧要的小事，其实再重重不过。它考验的，是一个人的成色，以及他人生的底色。仁义是一个人乃至一个社会追求和提倡的目标，但这一目标的追求是有次序的，比如你爱父母会多过兄弟，爱兄弟会多过朋友，爱朋友会多过爱你不认识的人。亲亲是仁爱的源头，敬长是义的源头。所以做到仁义要先从孝敬父母、尊敬兄长开始，进而推衍到整个社会整个人类，通行于天下。

【原典】

一曰：凡为天下，治国家，必务本而后末。所谓本者，非耕耘种植之谓，务其人也。务其人，非贫而富之，寡而众之，务其本也。务本莫贵于孝。人主孝，则名章荣，下服听，天下誉；人臣孝，则事君忠，处官廉，临难死；士民孝，则耕芸疾，守战固，不罢北。夫孝，三皇五帝之本务，而万事之纪也。夫执一术而百善至，百邪去，天下从者，其惟孝也！

——战国《吕氏春秋·孝行》

【释文】

凡是统治天下，治理国家，必先致力于根本，而把细枝末节的东西放在后边。所谓根本，不是说的耕耘种植，而是致力于人事，不是人民贫困而让人民富足，不是人口稀少而让人口众多，而是致力于根本。致力于根本，没有比孝道更重要的了，君主做到孝，那么名声就卓著荣耀，下面的人就服从，天下的人就赞誉；臣子做到孝，那么侍奉君主就忠诚，居官就清廉，面临灾难就能献身，士人百姓做到孝，那么耕耘就用力，攻必克，守必固，不疲困，不败逃。孝道是三皇五帝的根本，是各种事情的纲纪。

【品读】

做人的根本，没有比孝更重要了，亦或者说，做人最重要的是孝道。名言"求忠臣必于孝子之门"（《后汉书·韦彪传》），意思是说，贤能的人在家里对父母尽孝道，在朝堂就能够对君王尽忠心，或者说，只有在孝敬父母的那些子女中间，才能找到忠于国家的人。

【原典】

教民亲爱，莫善于孝。

——《孝经·广要道》

【释文】

教育人民互相亲近友爱，没有比倡导孝道更好的了。

《孝经》中国古代儒家伦理著作，传孔子所作，十三经之一，成书于秦汉之际，现流行版本是李隆基注，宋代邢昺（bǐng）疏，共18章。

【品读】

治国平天下的大道，应该以教化为先。所谓"百善孝为先"，孝心一开，百善皆开，善心就能够生根发芽起来。所以，在中国传统文化里，孝道文化是核心，占有极为重要的位置。古人说"父母在，不远游"（《论语·里仁》），古人的观点与行为，今人确实有些做不到了，但把父母接来，一块团聚，住上一段时间，或多回家乡陪陪他们，一块聊聊天，说会儿话，还是做得到的。

【原典】

　　故尚贤使能，则主尊下安；贵贱有等，则令行而不流；亲疏有分，则施行而不悖；长幼有序，则事业捷成而有所休。

——《荀子·君子》

【释文】

　　崇尚贤士、使用能人，那么君主就会尊贵而臣民就会安宁；高贵的和卑贱的有了等级差别，那么命令就能实行而不会滞留；亲近的和疏远的有了分别，那么恩惠就能正确赐予而不会违背情理；年长的和年幼的有了次序，那么事业就能迅速成功而有了休息的时间。

【品读】

　　长者应有长者的风范，做幼者的榜样，对幼者亦应该给予关怀与帮助。幼者对长者应该保持尊敬，遵循一定的礼仪，不可失度。两者不可能是绝对的对立，长者尊，幼者敬。而应该是交融，长者能关爱小辈，提拔小辈，也能听取小辈的建议。而幼者，不可有礼而无敬。

【原典】

孝，至矣乎！一言而该，圣人不加焉。父母，子之天地与？无天何生？无地何形？天地裕于万物乎？万物裕于天地乎？裕父母之裕，不裕矣。事父母自知不足者，其舜乎。

——西汉·扬雄《扬子法言·君子卷第十二》

【释文】

孝，是至高无上的德行。这一个字包括了百行，圣人也不能超越它。父母不就是子女的天和地吗？没有天怎么生化育万物呢？没有地怎么能有形体？是天地使万物丰富呢，还是万物使天地富足呢？如果我们以父母对待我们的优厚来对待父母，那么就不算优厚。总是感到自己侍奉父母不够尽心的人，大概就是大舜了。

【品读】

"二十四孝"排在第一位就是大舜了。尽管父亲、后娘、异母弟弟多次加害于大舜，他都巧妙地躲避开了，在外面躲些日子，回来之后还是依然的孝敬父母，关爱弟弟。父母的养育之恩，犹如滴水之恩，当涌泉相报的，父母给我们的爱我们要加倍地回报。所谓"百善孝为先"，一个人如果连生养自己的父母都不尊敬、不爱护、不养老的话，那确实天地不容了。

中华经典名句品读

【原典】

　　孝为百行之首，犹须学以修饰之，况余事乎！

　　　　　　　　——南北朝·颜之推《颜氏家训·勉学》

【释文】

　　孝道居于百行之首的位置，尤其需要通过学习来培养完善他，更何况其它的事情！

【品读】

　　新时代、新社会、新气象，现在已不再像古代那样迂腐的效忠了，但依然需要对孩子进行孝顺的教育，做孝顺父母的榜样。同时，真心孝敬父母，子女都看在眼里，记在心里，默默以我们为榜样。现实中有很多这样的例子，子女不孝顺父母，往往几十年之后，报应来了，等自己老了，子女往往也是不孝顺自己的。这就是"上行下效"的真实道理。善待父母，慈爱子女，在三代之间形成良性互动，循环下去，这才是孝传天下、百善孝为先的本意与传承。

【原典】

孝子之至，莫大乎尊亲；尊亲之至，莫大乎以天下养。为天子父，尊之至也；以天下养，养之至也。《诗》曰："永言孝思，孝思惟则。"

——《孟子·万章篇上》

【释文】

孝子最大的孝，莫过于使父母尊贵；使父母尊贵的最高标准，莫过于用天下奉养父母。做了天子的父亲，这是最尊贵的地位了；用天下奉养父亲，这是最高的奉养了。《诗经》上说："永远行孝道，孝道就是法则。"

【品读】

孝子行孝的极点，没有超过尊奉双亲的。子女对父母孝顺，不单单只是要养活他们，给他们生活费，更要对他们尊敬，让他们体会到精神上的满足。

【原典】

是故弟子不必不如师，师不必贤于弟子，闻道有先后，术业有专攻，如是而已。

——唐·韩愈《师说》

【释文】

因此学生不一定不如老师，老师不一定比学生贤能，听到的道理有早有晚，学问技艺各有专长，不过如此罢了。

【品读】

俗话说得好："有状元的徒弟，没有状元的老师。"老师不是状元，却可以教出状元。换句话说，老师本人是不是状元不重要，重要的是能不能培养出状元来。学生不一定不如老师，也许比老师差，也许比老师强，这都是有可能的，因为每一个人的长处和所擅长的地方是不一样的，这就是"术业有专攻"。亮点不同，放在一起比较，差距是很大的，这就是"莫以己长比他人之短"；短板不同，放在一块对比，差异也是很大的，这就是"莫以己短比他人之长"。老师教授学生要扬长避短，对症下药，教学相长；学生的学习竭尽所能，学以致用，有所作为。

【原典】

择天下之士，使称其职；居天下之人，使安其业。

——唐·柳宗元《梓人传》

【释文】

选择天下的官吏，使他们有适合自己的职务与岗位，各得其职；安置天下的老百姓，使他们能安居乐业，各得其所。

此文讲述有木匠来敲翡封叔家宅的门，希望租间空屋子居住，用替屋主人服役来代替房租的故事。本文作者通过一个梓人"善度材""善用众工"的故事，生动、形象、合理、自然地阐明当宰相治理国家的道理。梓人指木工，建筑工匠。

【品读】

作为宰相，主要职责有两个，即治国与安邦。治国的具体工作由百官分任，宰相也不需要躬亲庶政。主要是选择天底下的官员，然后把他们放在合适的位置上，要让他们的能力与职位相匹配，德行与能力想匹配。发现德才兼备的人才很不容易，用好德才兼备的人才更不容易。安邦就是安置好天下的老百姓，使他们居住的安心，工作的舒心，生活的开心。这更是一个艰巨的工作，全国那么多的人口，要让他们安居乐业，确实是一件了不起的巨大成就。这样的观点都有着积极的现实意义。

【原典】

汝其勉之！夫养不必丰，要于孝；利虽不得博于物，要其心之厚于仁。吾不能教汝，此汝父之志也。

——北宋·欧阳修《泷冈阡表》

【释文】

你一定努力啊！奉养父母不一定要丰厚，最重要的是一定要孝敬；虽然利益不能遍施于所有的人，但重要的要有仁爱之心。我没什么可教你的，这些都是你父亲的愿望。

【品读】

欧阳修4岁的时候，父亲就去世了，是由母亲郑氏抚养成人，可以说他对父亲为人几乎是没有印象与概念的。通过母亲的之口来间接的塑造父亲的形象，确实是堪称奇妙之思。欧阳修通过母亲这个真实的中间桥梁，十分巧妙地接通了父亲这个虚拟的形象，使之迎面扑来，宛然在眼。

【原典】

冠冕百行莫大于孝，防范百为莫大于义。

——元·脱脱《宋史·孝义传序》

【释文】

一个人拥有高尚的品行再多，也不如孝顺父母更加荣耀，任何行为都没有大义更加具有防范性。

【品读】

这句话强调了孝义的重要性。中国的孝道文化渊源流长，一句话"百善孝为先"是也。"二十四孝"几乎家喻户晓，贤孙孝子，家风家教，孝道总是被放在最为显赫的位置。现在，社会与国家依然倡导孝顺与正义，有利于社会的安定、团结、有序。个人推行孝顺与正义，不但可以提高个人正义感，而且也利于社会的和谐与进步。

【原典】

　　而孝弟，人伦之本也；慎终追远，孝弟之实也。

　　　　　　——清·顾炎武《亭林文集·华阴王氏宗祠记》

【释文】

　　而孝顺父母、敬爱兄长，是人与人关系的根本；谨慎地对待父母的去世，追念久远的祖先，这就是孝悌的本质。

【品读】

　　有子曰："孝悌也者，其为仁之本与！"（《论语》）曾子曰："慎终追远，民德归厚矣。"（《论语》）两位先哲是说孝顺长辈，友爱兄弟是仁的根本。谨慎地对待自己的父母，追念久远的祖先，人民的道德就变得醇厚浓郁。这就是中国的孝悌观。

【原典】

孟子曰："亲亲，仁也；敬长，义也。"

——《孟子·尽心上》

【释文】

孟子说："亲爱父母亲，便是仁；尊敬兄长便是义。"

【品读】

仁义是一个人乃至一个社会追求和提倡的目标，但这一目标的追求是有次序的，比如你爱父母会多过兄弟，爱兄弟会多过朋友，爱朋友会多过爱你不认识的人。亲亲是仁爱的源头，敬长是义的源头。所以做到仁义要先从孝敬父母、尊敬兄长开始，进而推衍到整个社会整个人类，通行于天下。

【原典】

子曰："弟子入则孝①，出则弟②，谨而信③，泛爱众，而亲仁④。行有余力⑤，则以学文⑥。"

——《论语·学而》

【释文】

①弟子：有二义，一是指年幼之人，弟系对兄而言，子系对父而言，故曰弟子：二是指学生。此处取前义。入：古时父子分别住在不同的居处，学习则在外舍。入是入父宫，指进到父亲住处；或说在家。

②出：与"入"相对而言，指外出拜师学习。出则弟，是说要用悌道对待师长，也可泛指年长于自己的人。

③谨：寡言少语称之为谨。

④仁：指具有仁德的人，即温和、善良的人。此形容词用作名词。

⑤行有余力：指有闲暇时间或剩余的精力。

⑥文：指诗、书、礼、乐等文化知识。

孔子说："小孩子在父母跟前要孝顺，出外要敬爱师长，说话要谨慎，言而有信，和所有人都友爱相处，亲近那些具有仁爱之心的人。做到这些以后，如果还有剩余的精力，就用来学习文化知识。"

【品读】

　　作为教育家，孔子极其重视道德教育，他不仅有高深的思想，也有平易近人的教法。人生启蒙，怎样从一个无知的孩童成长为对社会群体有用之才，这是一个教育策略和途径问题。针对人生第一课，孔子给出了浅近明了的回答，那就是，做人应当先修德，再学知识。也就是说，对于弟子的教育，孔子认为应当从伦理教育入手，在家孝顺父母，敬重兄长；其次，学习待人接物，做到严谨守信；这些根基打好后，再进行文化知识的传授。

【原典】

礼①之用，和②为贵。

——《论语·学而》

【释文】

①礼：孔子的"礼"，既指"周礼"，也指道德规范。

②和：和谐、协调。

礼的应用，以和谐为贵。

【品读】

"礼"包含两个方面的内容，一是国家机关、社会组织内部的各种规章制度；二是社会上人与人之间的尊卑等级，以及与这种等级相关的行为规范。在现代，我们都知道制度的重要性，由此可以想象，礼在维护古代社会秩序方面的重要意义。倘若人人都不讲礼，社会必然发生混乱。因此，主政者有必要强调礼制，以此来保证社会平稳有序的发展。

【原典】

　　孟子曰："道在尔而求诸远，事在易而求之难。人人亲其亲、长其长而天下平。"

——《孟子》

【释文】

　　孟子说："道路在近旁而偏要向远处去寻求，事情本来很容易而偏要向难处下手。每个人只要亲近自己的亲人，敬重自己的长辈，天下就能够太平了。"

【品读】

　　道德实践要从简易开始，从家庭开始。家庭和谐是社会和谐的基础。尊老敬长是观察社会风气的一个窗口，如尊老敬长形成社会风气，相信整个社会风气必定是好的。反之，整个社会风气也不会好。

【原典】

子曰："能以礼让为国乎，何有？不能以礼让为国，如礼何？"

——《论语·里仁》

【释文】

礼让：守礼谦让。何有：为"何难之有"，即不难之意。如礼何：把礼怎么办？

孔子说："能够用礼让原则来治理国家，那还有什么困难呢？不能用礼让原则来治理国家，怎么能实行礼呢？"

【品读】

礼是人际关系的具体规范，让是人与人互相尊重的明确表现。仁的体用，首先在于礼让。懂得礼让就会去尊重他人的意愿和权利，就会设身处地为他人考虑，也就能够有发乎真心的关怀和仁爱。因为对他人有仁爱和尊重，他人亦会反过来给以尊重和仁爱。如此便可得人心，民心悦服，则国家自然得以大治。

【原典】

子曰：“敏①而好学，不耻下问，是以谓之文也。”

——《论语·公冶长》

【释文】

①敏：敏捷、勤勉。

孔子说：“他聪敏勤勉而好学，不以向他地位卑下的人请教为耻，所以给他谥号叫‘文’。”

【品读】

不以向地位、身份比自己低的人请教学问为耻，两千多年以来，无数学者、先贤一直在践行着这一点。泰山不让寸土而成其大，江河不捐细流而就其深，学习也是一样，唯有不让寸土、不捐细流，最终才能取得一方成就。

【原典】

子曰："十室之邑，必有忠信如丘者焉，不如丘之好学也。"

——《论语·公冶长》

【释文】

孔子说："即使只有十户人家的小村子，也一定有像我这样讲忠信的人，只是不如我那样好学罢了。"

【品读】

孔子以自身成就为例，强调了学习的重要性。他认为自己忠信的资质与常人一样，只是因为自己好学，所以能异于常人，故也是在勉励人们要有好学的精神。孔子自称好学，并无自夸之意，他曾经表示自己不是"生而知之者"，必须努力学习才有所得。一般人中，有能做到忠信的，但很少有能做到好学不倦的，孔子唯因好学不倦，才成为博学多闻之人。

【原典】

　　子曰："知之者不如好之者，好之者不如乐之者。"

——《论语·雍也》

【释文】

　　孔子说："对待学问事业，懂得它的人不如爱好它的人；爱好它的人又不如以它为乐的人。"

【品读】

　　知之、好之、乐之是学习的三个层次，这段话强调了爱好和兴趣在人们学习中至关重要的作用。孔子认为，对于学习，无论是知识还是技艺，了解它的人不如爱好它的人，而爱好它的人不如学习时乐在其中的人。后人说，兴趣是最好的导师，说的就是这个意思。只有真心喜爱学习，才能够将要学的东西扎实掌握，并在学习的过程中感受有所成、有所获的快乐。

【原典】

子曰："君子博学于文，约①之以礼，亦可以弗畔②矣夫。"

——《论语·雍也》

【释文】

①约：一种释为约束，一种释为简要。

②畔：通"叛"。

孔子说："君子广泛地学习古代的文化典籍，又以礼来约束自己，也就不会离经叛道了。"

【品读】

孔子的教育目的不主张离经叛道，那么该怎么做呢？他认为应当广泛地学习古代典籍，而且要用"礼"来约束自己。说到底，他是要培养懂得"礼"的君子。后来孟子亦说过："动容周旋中礼者，盛德之至也。"

【原典】

子曰："述而不作，信而好古，窃比于我老彭①。"

——《论语·述而》

【释文】

①老彭：究竟指谁，学术界说法不一。较多认为是殷商时一位"好述古事"的"贤大夫"。

孔子说："只阐述而不创作，相信而且喜好古代的东西，我私下把自己比做老彭。"

【品读】

孔子说自己"述而不作"，只是自谦的说法而已。而且，孔子也并非真的只是述而不作，比方说以"仁"解"礼"就是孔子的创作。他这么说，只是表现出了自己对于传统文化及历史经验的重视，这也是他做学问的态度。

【原典】

子曰："学如不及，犹恐失之。"

——《论语·泰伯》

【释文】

孔子说："学习知识就像追赶不上那样，学会了又会担心再失去。"

【品读】

孔子讲到了学习的态度问题，他觉得真正有志于学的人，应当有着唯恐学不到、唯恐学不会的紧迫感。"学如不及"，体现的就是这种为学不知满足的紧迫感和主动进取的学习态度。事实上，学习也确实是一种追赶，既有勤奋的学习劲头，也有着探寻新知的迫切心情。对于好学的人而言，学习是没有止境的，他们永远都不会觉得满足。

【原典】

席^①不正，不坐。

——《论语·乡党》

【释文】

①席：古代没有桌椅子，都坐在铺于地的席子上。

席子放得不端正，不坐。

【品读】

在孔子的那个时代，室内设施比较简陋。当时没有凳子、沙发之类的家具，不管是主人还是客人，全部都是席地而坐，像宴饮、座谈等都是坐在席子上进行的。即便是如此，古人在坐席方面仍有严格的礼仪。

【原典】

乡人饮酒①，杖者②出，斯出矣。

——《论语·乡党》

【释文】

①乡人饮酒：指当时乡饮酒礼。

②杖者：老人。

乡饮酒的礼仪结束后，等老人先出去，然后自己才出去。

【品读】

尊老敬老，这是中华民族的传统美德，而孔子对这一美德的传承和发扬，有着不可磨灭的贡献。本来他的身份，在众人中是颇高的，但他依然重视乡人饮酒的礼数，不敢逾越规矩走在老年人前面。尊老敬老是一个人修养的重要表现。有尊敬老人之心，才会有赡养老人的行为，而这种修养，对于一个人的为人处世、持家立业，都是有极大影响的。

【原典】

　　父子有亲，君臣有义，夫妇有别，长幼有序，朋友有信。

——《孟子》

【释文】

　　父子之间要亲爱，君臣之间要有礼义，夫妇之间要挚爱但还要有内外之别，老少之间有尊卑之序，朋友之间要有诚信之德。

【品读】

　　"孝悌"是仁爱精神在家庭内部的充分体现，是人们获得安稳、幸福的人伦关系的道德保障，也是确保社会和睦亲善的伦理学目标的基石。正是在"孝悌"的基础上，古人才进一步建构出完整的伦理学体系。

【原典】

子曰："吾与回言，终日不违，如愚。退而省其私，亦足以发，回也不愚。"

——《论语·为政》

【释文】

孔子说："我整天给颜回讲学，他从来不提反对意见和疑问，像个愚笨之人。等他退下之后，我考察他私下的言论，发现他对我所讲授的内容有所发挥，可见颜回其实并不愚笨。"

【品读】

仁义是一个人乃至一个社会追求和提倡的目标，但这一目标的追求是有次序的，比如你爱父母会多过兄弟，爱兄弟会多过朋友，爱朋友会多过爱你不认识的人。亲亲是仁爱的源头，敬长是义的源头。所以做到仁义要先从孝敬父母、尊敬兄长开始，进而推衍到整个社会整个人类，通行于天下。

【原典】

仲弓问仁，子曰："出门如见大宾，使民如承大祭。己所不欲，勿施于人。在邦无怨，在家无怨。"仲弓曰："雍虽不敏，请事斯语矣。"

——《论语·颜渊》

【释文】

仲弓问什么是仁。孔子说："出门好像去见贵宾，役使民众好像去承担重大祀典。自己所不想要的事物，就不要强加给别人。在邦国做事没有抱怨，在卿大夫的封地做事也无抱怨。"仲弓说："我冉雍虽然不聪敏，请让我照这些话去做。"

【品读】

想要做一个好领导不是一件容易的事情。孔子告诉仲弓要"出门如见大宾"，这其实是很高的要求，就是说出门工作要像去会见重要的宾客一样，严肃恭敬。现代社会中，每个人都有自己的本职工作，工作是一个人的安身立命之本。所以，不管是领导也好，普通职员也罢，要想有所成就，敬业，就是认真地对待本职工作最基本的要求。

【原典】

虽疏食菜羹，瓜祭①，必齐如也②。

——《论语·乡党》

【释文】

①瓜祭：古人在吃饭前，把席上各种食品分出少许，放在食具之间祭祖。

②齐：通，斋戒。

即使是粗米饭蔬菜汤，吃饭前也要先把它们取出一些来祭祀一番，而且祭祀要像斋戒时那样严肃恭敬。

【品读】

"敬畏感恩，饮水思源"，充分地表现出孔子的感恩思想以及礼不在重而在诚的思想。人要有一颗感恩之心，即使是糙米粗食，青菜汤羹，一定要有斋戒时一样的虔诚、恭敬、畏惧、感激之心。

【原典】

　　子游问孝^①，子曰："今之孝者，是谓能养。至于犬马，皆能有养。不敬，何以别乎？"

　　　　　　　　　　　　　　　　　　——《论语·为政》

【释文】

　　①子游：孔子的高足，姓言，名偃，字子游，吴人。

　　子游请教孝道，孔子说："现在所说的孝，指的是养活父母便行了。即使狗和马，也都有人饲养。对父母如果不恭敬顺从，那和饲养狗马有什么区别呢？"

【品读】

　　现代人对父母最常用的一句话是"老有所养"，并且认为做到这一点就是尽孝了。但在孔子看来，这个观点是错误的，一个人如果对自己的父母只有养，而没有孝敬的心，就与养些犬马没有区别。若是真心孝事父母的话，就不应仅停留在养的表面上，对父母的孝应当是发自内心深处的敬爱，这才符合孝道。

【原典】

子夏问孝,子曰:"色难①。有事,弟子服其劳②;有酒食③,先生馔④;曾是以为孝乎⑤?"

——《论语·为政》

【释文】

①色难:有两种解释,一说孝子侍奉父母,以做到和颜悦色为难;一说难在承望、理解父母的脸色。今从前解。

②弟子:年轻的子弟。

③食:食物。

④先生:与"弟子"相对,指长辈。馔:吃喝。

⑤曾:副词,竟然的意思。

子夏问什么是孝道,孔子说:"侍奉父母经常保持和颜悦色最难。遇到事情,由年轻人去做;有好吃好喝的,让老年人享受,难道这样就是孝吗?"

【品读】

这里最重要的一个词是"色难",其意思是指在侍奉父母的时候,想要长期保持着和颜悦色的状态很难。大家都知道,凡事都可以勉强,唯有面色不大容易伪装,因为人的神情是由心理决定的。只有对自己父母有着深切笃定的孝心,才会由衷地表现出愉悦和婉的神色。所以说,若能在父母面前一直保持着和悦的神色,就能算作真孝顺了。

【原典】

"不孝有三，无后为大，舜不告而娶，为无后也，君子以为犹告也。"

——《孟子·离娄上》

【释文】

孟子说："不孝的情况有三种，其中以没有后代的罪过为最大。舜没有禀告父母就娶妻，为的就是怕没有后代。所以，君子认为他虽然没有禀告，但实际上和禀告了一样。"

【品读】

其实，孟子的原话是这样的："于礼有不孝者三，事谓阿意曲从，陷亲不义，一不孝也；家贫亲老，不为禄仕，二不孝也；不娶无子，绝先祖祀，三不孝也。三者之中无后为大。"翻译过来就是说："做人曲意逢迎，陷害亲人于不义是为不孝之一，不孝之二是父母年迈，可是却不能事业有成，保父母晚年能衣食无忧，这是第二种不孝，第三种不孝就是不娶妻生子，为家族繁衍后代，让家里断子绝孙就是最大的不孝。其实不孝有三当中的三也不仅仅是指三件，其实三是个虚数，其实就是说不孝的行为有很多种的。"

【原典】

子曰："君子怀德，小人怀土；君子怀刑，小人怀惠。"

——《论语·里仁》

【释文】

孔子说："君子心怀的是仁德；小人则怀恋乡土。君子关心的是刑罚和法度，小人则关心私利。"

【品读】

就君子与小人的区别，孔子从各自关注什么的角度做出了评判。他认为君子有"怀德""怀刑"之心，他们时常记挂着道德礼仪，心中所想的只有仁德和善良。行事的时候考虑的比较周到，所有的一切都力求合理，担心自己的行为违反国家法律和社会规范。

而小人所存"怀土""怀惠"之心，他们心中想的只有自身的那点私利，对一些小恩小惠和个人的利益十分在意，很少有人去关心道德的修养，很少顾及到事情的后果和他人的感受。为了获得一些利益，即使是作奸犯科，他们也在所不惜。

有子曰："礼之用，和为贵。先王之道，斯为美，小大由之。有所不行，知和而和，不以礼节之，亦不可行也。"

——《论语·学而》

【释文】

有子说："礼的功用，以遇事做得恰当和顺为可贵。以前的圣明君主治理国家，最可贵的地方就在这里。他们做事，无论事大事小，都按这个原则去做。如遇到行不通的，仍一味地追求和顺，却并不用礼法去节制它，也是行不通的。"

【品读】

礼是规范人们社会行为的一种规定，它可以协调各成员间的关系，保证社会秩序的正常。古代的"礼制"已经消亡，但礼的精神却一直存在。在现代，我们都知道制度的重要性，由此可以想象，礼在维护古代社会秩序方面的重要意义。倘若人人都不讲礼，社会必然发生混乱。因此，主政者有必要强调礼制，以此来保证社会平稳有序的发展。

【原典】

　　子曰："人而不仁，如礼何？人而不仁，如乐何？"

　　　　　　　　　　　　　　　　——《论语·八佾》

【释文】

　　孔子说："一个人没有仁德，他怎么能实行礼呢？一个人没有仁德，他怎么能运用乐呢？"

【品读】

　　乐是表达人们思想情感的一种形式，在古代，它也是礼的一部分。礼与乐都是外在的表现，而仁则是人们内心的道德情感和要求，所以乐必须反映人们的仁德。这里，孔子就把礼、乐与仁紧紧联系起来，认为没有仁德的人，根本谈不上什么礼、乐的问题。

【原典】

周公谓鲁公①曰："君子不施②其亲，不使大臣怨乎不以，故旧无大故则不弃也，无求备于一人。

——《论语·微子》

【释文】

①鲁公：指周公之子，鲁国始封之君伯禽。

②施（chí）：通"弛"，废弃的意思。

周公对鲁公说："一个有道的国君不疏远他的亲族；不使大臣怨恨没有被任用；故旧朋友如果没有大的过错，就不要抛弃他们；不要对一个人求全责备。"

【品读】

这段文字是周公对儿子伯禽的训诫之言，他告诫儿子伯禽治理政事要重视人才。周公的命辞中所讲的用人之道，主要包括四点：一、用人要用亲人，不要故意疏远亲人；二、有才能的人要重用，不要让他们抱怨自己得不到重用；三、对长期在自己手下做事的人，就不要轻易地罢免他；四、缺点人人都有，对谁都不能求全责备。周公命辞非常精辟地概括了身为管理者应掌握的用人之道，在处理政事的过程中，只有坚持这几点，才能赢得下属的有力支持与帮助。

【原典】

　　子曰："回也非助我者也，于吾言无所不说。"

——《论语·先进》

【释文】

　　孔子说："颜回不是对我有所助益的人，他对我说的话没有不喜欢的。"

【品读】

　　孔子对颜回能又快又深领悟自己的学说表示了深深的赞许，但也有一定的遗憾。颜回聪敏秀慧，对孔子的言语一听就能领会，故只喜悦于心，而无所疑问。既然没有疑问，孔子便不再发挥，而在座的其他弟子不能有所获益，故孔子有一定的遗憾，但又对颜回的好学深思表示赞许。

　　仲尼居，曾子侍。子曰："先王有至德要道，以顺天下，民用和睦，上下无怨。汝知之乎？"曾子避席曰："参不敏，何足以知之？"子曰："夫孝，德之本也，教之所由生也。复坐，吾语汝。身体发肤，受之父母，不敢毁伤，孝之始也。立身行道，扬名于后世，以显父母，孝之终也。夫孝，始于事亲，中于事君，终于立身。《大雅》云：'无念尔祖，聿修厥德。'"

——《孝经》

【释文】

　　孔子在家里闲坐，他的学生曾参在旁侍坐。孔子说："古代的圣王有至高之德、切要之道，用以顺天下人心，使人民和睦相处，上上下下都没有怨恨。你知道先王的至德要道是什么吗？"曾子离席而起，恭敬地回答说："学生曾参愚昧，怎么会知道呢？"孔子说："孝，是德行的根本，一切教化都从这里生发开来。你坐下，我现在就跟你讲！人的身体以至每一根毛发和每一块皮肤，都是父母给予的，应当谨慎爱护，不敢稍有毁伤，这是实行孝道的开始；以德立身，实行大道，使美好的名声传扬于后世，以光耀父母，则是实行孝道的最终目标。所以实行孝道，开始于侍奉双亲，进而在侍奉君主的过程中得到发扬光大，最终的目的就是成就自己的德业。《诗经·大雅》说：'常常怀念祖先的恩泽，念念不忘继承和发扬他们的德行'。"

【品读】

孝道是传统文化的根基，是做人的根本，《孝经》是儒家十三经之一，是儒家修学的入门课程，也是专门阐述儒家孝道伦理思想的一部经典。

【原典】

子曰："温故而知新^①，可以为师矣。"

——《论语·为政》

【释文】

①故：已经过去的。新：刚学到的知识。

孔子说："在温习旧知识时，能有新体会、新发现，就可以当老师了。"

【品读】

所谓"前事不忘，后事之师"，说的都是过去的事足以作为未来的老师，当然还有一个前提，那就是能从中获得"新知"，而新知的获得大多时候是建立在反复琢磨的基础上的。

【原典】

子曰："学而不思则罔，思而不学则殆。"

——《论语·为政》

【释文】

孔子说："只读书学习，而不思考问题，就会罔然无知而没有收获；只空想而不读书学习，就会疑惑而陷入学习的困境。"

【品读】

学习离不开思考，思考也不能脱离学习，二者相辅相成，缺一不可，这是学习的最基本方法。在学习过程中，如果对学习的知识只知道死记硬背，而不去思考，那么，所学到的内容充其量只是一些文字堆积起来的符号而已。这种得自书本与老师的知识，如果长期不用，就不会加以思考，所以难以在大脑中形成稳固的知识结构，很容易忘记。

【原典】

　　知之为知之，不知为不知，是知也。

——《论语·为政》

【释文】

　　知道就是知道，不知道就是不知道，这就是智慧啊！

【品读】

　　孔子阐明了对待学习时应当持有的态度，即"知之为知之，不知为不知"，反映出了孔子实事求是的科学求知态度。他觉得，对待任何事情都应谦虚诚恳，知道的就说知道，不能不懂装懂、自欺欺人。子路其人，为人比较直爽，说话有点口无遮拦。孔子在此处与他的对话，也有些许的呵斥成分。这是孔子有针对性的教育，是他"因材施教"的又一例。

【原典】

子曰："默而识之^①，学而不厌，诲人不倦，何有于我哉？"

——《论语·述而》

【释文】

①识（zhì）：通"志"，记住。

孔子说："把所见所闻默默地记在心上，努力学习而从不满足，教导别人而不知疲倦，这些事我做到了多少呢？"

【品读】

作为励志的话，差不多为所有大小学生所熟知并成为一种力量。无疑，夫子在这三个方面，坚持一生，堪称万世师表，也由此成为中国第一老师。这一次，他自己也不自谦了，而是对自己做了中肯的认识和评价。默而识之，与其说是学习的方法，毋宁说是严谨的态度，对所学所历，需要的是一种默然的宁静，而非哗众取宠。

【原典】

　　子曰："德之不修，学之不讲，闻义不能徙（xǐ），不善不能改，是吾忧也。"

——《论语·述而》

【释文】

　　孔子说："不去培养品德，不去讲习学问，听到义在那里却不能去追随，有缺点而不能改正，这些都是我所忧虑的。"

【品读】

　　面对世风日下的社会，孔子提出了自己的四大忧虑，即"道德不修、学问不讲、知善不从、有过不改"。如果我们来个反向思考，就可以说孔子对我们的个人修养提出了四条建议，一是加强道德培养，二是勤奋为学，三是择善固执，多行义举，四是有了错误及时改正。这四点建议能够促使我们不断进步，实现自我完善。

【原典】

子曰："不愤不启[①]，不悱不发[②]。举一隅不以三隅反，则不复也。"

——《论语·述而》

【释文】

①愤：思考问题时有疑难想不通。

②悱（fěi）：想表达却说不出来。发，启发。

孔子说："教导学生，不到他冥思苦想仍不得其解的时候，不去开导他；不到他想说却说不出来的时候，不去启发他。给他指出一个方面，如果他不能由此推知其他三个方面，就不再教他了。"

【品读】

孔子讲教育者要激发学生主动思考的能力，让受教育者开启活泼的心灵、生动的智慧，能够独立思考。这是一种典型的"启发式"的教学思想。他反对"填鸭式"的机械教学做法。要求学生能够"举一反三"，这是符合教学的基本规律的。

【原典】

　　子曰："我非生而知之者，好古，敏以求之者也。"

——《论语·述而》

【释文】

　　孔子说："我并不是生下来就有知识的人，而是喜好古代文化，勤奋敏捷去求取知识的人。"

【品读】

　　没有天生就知晓知识的圣人，像孔子这样多知多智的人，之所以能达到这一境界，也是由于多听多记、勤奋好学的缘故。孔子之所以这样公开自己的"成功秘诀"，估计是因为当时社会上有一些流行观点，认为孔子生而知之，是天生而降的圣人，为此，孔子不得不作此回应。

【原典】

　　子曰："三人行，必有我师焉。择其善者而从之，其不善者而改之。"

——《论语·述而》

【释文】

　　孔子说："三个人同行，其中必定有人可以作为值得我学习的老师。我选取他的优点而学习，如发现他的缺点则引以为戒并加以改正。"

【品读】

　　孔子这句极为著名的话，已经成为历代有志之士、好学之士的座右铭。凡有一点特长的人，他都认为有可资借鉴取法之处。就是有错误的人，他也认为可以作为反面教材，观照自己的言行有无同样的不足。他喜欢以别人为师，总觉得自己的知识不够。这句话的道理很简单，就是为学者要谦虚好学，可是做起来非常不容易。能够虚心向别人学习，这种精神已经十分可贵，更可贵的是，不仅要师人之善，还要以别人的缺点为借鉴，这是平凡而伟大的真理，对于指导我们处世待人、修身养性、增长知识，都是有益的。

【原典】

　　子以四教：文、行、忠、信①。

——《论语·述而》

【释文】

　　①文：文献、古籍等。行：指德行，也指社会实践。忠：尽己之谓忠，对人尽心竭力。信：以实之谓信，诚实之意。

　　孔子以四项内容教育学生：文献、德行、忠心、诚信。

【品读】

　　在孔子看来，教授学生文化知识固然重要，但是对其修养品行进行重塑则更为重要。学习文化知识，只是为了以后的品行塑造打下基础。学生们只有学得多了，才会懂得更多的道理，然后才会遵照这些道理约束自己的言行，这是一个由浅入深的过程。在孔子那里，才智教育与道德教育是融为一体的。

【原典】

子曰："盖有不知而作之者，我无是也。多闻，择其善者而从之，多见而识之，知之次也。"

——《论语·述而》

【释文】

孔子说："大概有自己不懂却凭空造作的人吧，我没有这样的毛病。多听，选择其中好的加以学习；多看，全记在心里。这样的知，是仅次于'生而知之'的。"

【品读】

孔子关于学习的方法论，他主张对自己所不知的，应该多听、多看，努力学习。反对那种本来什么都不懂，却在那里凭空杜撰的做法。注重实践，反对空谈，他自己是这样做的，同时也要求他的学生这样去做。

【原典】

　　子曰："由之瑟，奚为于丘之门^①？"门人不敬子路。子曰："由也升堂矣，未入于室也^②。"

——《论语·先进》

【释文】

　　①瑟：古代的一种弦乐器。子路性情刚勇，他弹瑟的音调也很刚猛，不够平和。故孔子批评他说：为什么在我这里来弹呢？

　　②堂：正厅，室：内室。先入门，次升堂，最后入室，比喻学问的程度。

　　孔子说："仲由弹瑟，为什么在我这里弹呢？"孔子的其他学生因此而不尊重子路。孔子说："仲由的学问啊，已经具备规模了，只是还不够精深罢了。"

【品读】

　　孔子对子路总是耐心地鼓励加提醒，子路的性情刚勇，故他鼓瑟的声音中有杀伐之声，欠缺和平的意味。所以孔子说："由在我门中，如何弹出这样的音调。"本意是担心子路性刚而不得寿终，故加以抑制。门人不解孔子语意，因此不敬子路，孔子再用比喻解释，子路的修养造诣已经升堂，但尚未入室而已。"升堂入室"已经成为成语。

【原典】

子曰："小子何莫学夫诗。诗，可以兴，可以观，可以群，可以怨。迩之事父，远之事君。多识于鸟兽草木之名。"

——《论语·阳货》

【释文】

孔子说："你们这些学生为什么不学习《诗》呢？学《诗》可以激发志气，可以观察天地万物及人间的盛衰与得失，可以使人懂得合群的必要，可以使人懂得怎样去讽谏上级。近可以用来事奉父母，远可以事奉君主。还可以多知道一些鸟兽草木的名字。"

【品读】

《诗经》是我国历史上最早的诗歌总集，在我国文学史上占据着重要的学术地位。孔子重视《诗经》的教化作用。在《论语》中，孔子不仅多次引用《诗经》来说明自己的观点，还多次强调《诗经》在为人处世上的重要作用，教诲弟子要学《诗》。在这里，孔子再次向弟子提出学《诗》的重要意义。这段文字全面而精确地概括了《诗经》的社会价值。

【原典】

　　凡为人子之礼，冬温而夏清，昏定而晨省，在丑夷不争。夫为人子者，三赐不及车马。故州闾乡党称其孝也，兄弟亲戚称其慈也，僚友称其弟也，执友称其仁也，交游称其信也。见父之执，不谓之进不敢进，不谓之退不敢退，不问不敢对。此孝子之行也。

——《礼记·曲礼上》

【释文】

　　作为子女的礼仪，冬天要让父母感到温暖，而夏天要使父母感到凉爽，傍晚要为父母铺好枕席，而早晨要向父母问安，不和同辈人发生争执。做儿子的，要做到三命之赐而不接受车马，因此州、闾、乡、党的人都会称赞他孝顺，兄弟亲戚也会称赞他慈爱，一起做官的人都称赞他孝悌，志同道合的朋友会称赞他仁爱，和他有交往的人都称赞他讲诚信。见到和父亲志同道合的朋友，别人不说上前就不会轻易上前，不说退下就不会退下，不发问就不敢随便回答。这些都是孝子的行为。

【品读】

　　这些行为虽然都是小事，但处处都表现出一个孝子的那种纯孝之心、知恩报恩的心。我们要知道，从孩子有了生命那天开始，父母就对子女百般呵护，衣食住行照顾得无微不至。作为感恩，子女关注留意父母的冷暖，这是天经地义的，况且子女给予父母的关爱比起父母的付出，万分之一也不及。而当一个人爱护父母养成了习惯后，他待人、处事、接物都有那种温、良、恭、俭、让的态度，这种人自然能得到大家的尊敬、爱戴。这样的人生虽是平凡，却是现今社会中的不凡之人了。

【原典】

　　夫为人子者，出必告，反必面，所游必有常，所习必有业，恒言不称老。年长以倍，则父事之；十年以长，则兄事之；五年以长，则肩随之。群居五人，则长者必异席。为人子者，居不主奥，坐不中席，行不中道，立不中门。食飨不为概，祭祀不为尸。听于无声，视于无形。不登高，不临深。不苟訾，不苟笑。孝子不服暗，不登危，惧辱亲也。父母存，不许友以死，不有私财。为人子者，父母存，冠衣不纯素。孤子当室，冠衣不纯采。

——《礼记·曲礼上》

【释文】

　　做儿子的，外出一定要告诉父母，回家后一定要面告父母；出游一定要有规律，所学的一定是正业，平常说话不称自己年老。比自己年长一倍的人，就像父亲一样服侍他；比自己年长十岁的人，就像兄长一样服侍他；比自己年长五岁的人，就可以与他并行而稍后一些。五个人聚坐在一起，则一定要为年长者另外设立坐席。做儿子的，起居不能占据室中西南角的位置，坐不能坐在席的正中，走路不能走在路的中间。站立不能站在门的中央。宴请宾客时不能擅自做主决定限量，祭祀时不充当代替神灵受祭的人。能在无声中听到自己应该听到的，能在无形中看到自己应该看到的。不攀登高处，不靠近深渊，不随便非议，不随便嬉笑。孝子不在暗中做事，不登临危险的地方，担心使父母受辱。父母在世时，不能对朋友以死相许，不能私存钱财。做儿子的，父母在世时，帽子和衣服不能镶白边。孤子主持家事，帽子和衣服不能绣彩边。

【品读】

《礼记》又名《小戴礼记》《小戴记》，成书于汉代，为西汉礼学家戴圣所编。《礼记》是中国古代一部重要的典章制度选集，共二十卷四十九篇，书中内容主要写先秦的礼制，体现了先秦儒家的哲学思想、教育思想、政治思想、美学思想，是研究先秦社会的重要资料，是一部儒家思想的资料汇编。

【原典】

毋侧听，毋嗷应，毋淫视，毋怠荒。游毋倨，立毋跛，坐毋箕，寝毋伏。敛发毋髢，冠毋免，劳毋袒，暑毋褰裳。侍坐于长者，屦不上于堂，解屦不敢当阶。就屦，跪而举之，屏于侧。向长者而屦，跪而迁屦，俯而纳屦。

——《礼记·曲礼上》

【释文】

听别人说话时不要侧着耳朵，应答时不要大嗓门，不要转动眼珠斜看，不要懒惰放荡。走路的姿态不能太傲慢，站立时身体不要偏斜，坐时不要伸开两条腿，睡觉不要趴着身子，头发不要披散下垂要束好，帽子不要摘下，劳作的时候身体不要裸露在外，天热时不要揭起衣服。在长者身边陪坐，不要将鞋子穿上堂，也不能在台阶上解鞋带。穿鞋时，要跪着取鞋，取完后到一旁穿上。为长者穿鞋要面向长者，先双膝跪地将鞋取出，再弯下身子为长辈穿上。

【品读】

不侧耳偷听别人说话，既是对别人的尊敬，也是自重的表现。在公众场合，不大声喧哗，不东张西望，不毫无拘束，既是自重，也是对别人的尊敬。

【原典】

颜渊问仁，子曰："克己复礼为仁^①。一日克己复礼，天下归仁焉。为仁由己，而由人乎哉？"颜渊曰："请问其目。"子曰："一非礼勿视，非礼勿听，非礼勿言，非礼勿动。"颜渊曰："回虽不敏，请事斯语矣。"

——《论语·颜渊》

【释文】

①克己复礼：克制自己，使自己的行为归到礼的方面去，即合于礼。复礼，归于礼。

颜渊问什么是仁。孔子说："抑制自己，使言语和行动都走到礼上来，就是仁。一旦做到了这些，天下的人都会称许你有仁德。实行仁德要靠自己，难道是靠别人吗？"颜渊说："请问实行仁德的具体途径？"孔子说："不合礼的事不看，不合礼的事不听，不合礼的事不言，不合礼的事不做。"颜渊说："我虽然不聪敏，请让我照这些话去做。"

【品读】

"仁"是孔子思想的一个核心。要在生活中行"仁"，按孔子的说法，就要克己复礼，加强自我约束。也就是说，想要做到这一点就要净化自己的心灵，约束自我的行为。"仁"是用来实践的，不是把"仁"挂到嘴边就可以做到

"仁"了。儒学中的"仁"，从本质上讲是一个内心修养的真功夫，是实实在在的境界，并不是简单抽象的理论。想要做到这一点，非要下苦工夫长期修炼不可，需要耐得住寂寞。古今成大事者，无不具有"仁"的真功夫，他们都能够很好地克制自己的欲望，将精力集中到所从事的事业上，最终才获得了成功。

【原典】

　　子曰："父母在，不远游，游必有方。"

——《论语·里仁》

【释文】

　　孔子说："父母活着的时候，子女不远游外地；即使出远门，也必须要有一定的去处。"

【品读】

　　夫子时代，交通闭塞，信息不畅，生为人子，自要孝敬父母，不可远游；三十亩一犋牛，老婆孩子热炕头，日出而作，日落而息。倘若子外出，就打破了家庭的生活秩序，最主要是打破了人伦秩序。长时间不在父母身边，何以为孝？这是大逆不道的事情，自然不可。所以，即便非得远游，也必须要让父母知道方位。今天就简单了，再也没有慈母"临行密密缝，意恐迟迟归"了。一封 E-mail、一个电话，就算你在地球的另一端，也能天涯若比邻，远游反倒成了光荣的事情。你的孩子在哪儿？美国呢！一脸的幸福和骄傲。只是，人情越来越稀薄。孩子与父母，就快剩下一个空中的电波和屏幕上的符号了。

【原典】

颜渊喟然叹曰:"仰之弥高,钻之弥坚。瞻之在前,忽焉在后。夫子循循然善诱之,博我以文,约我以礼,欲罢不能。既竭吾才,如有所立卓尔,虽欲从之,末由也矣。"

——《论语·子罕》

【释文】

颜渊感叹地说:"我的老师啊,他的学问道德,抬头仰望,越望越觉得高;努力钻研,越钻研越觉得深。看着好像在前面,忽然又像在后面了。老师善于有步骤地引导我们,用各种文献来丰富我们的知识,用礼来约束我们的行为,我们想要停止学习都不可能。我已经用尽自己的才力,似乎有一个高高的东西立在我的前面。虽然我想要追随上去,却找不到可循的路径。"

【品读】

想做个成功的教师,可不是一件容易的事,这不仅与个人的学识有关,还与个人的修养以及教学的方法等诸方面的原因有关。孔子之所以能够成为万世师表,就是因为他在这些方面都很出色。他培养了一大批人才,进而造就了儒家的辉煌。

第三篇章　进德修身

【原典】

子曰："君子成人之美，不成人之恶。小人反是。"

——《论语·颜渊》

【释文】

孔子说："君子成全别人的好事，而不促成别人的坏事。小人则与此相反。"

【品读】

孔子在这里提出了一个非常重要的概念"成人之美"。"成人之美"并不难理解，其重点在"美"上。这个"美"字，指的就是别人好的或善的、最起码也是对社会或他人无害的愿望或计划。"成人之美"不是单纯帮助别人达成愿望，而是帮别人达成美好善良的愿望。如果帮别人干坏事，目的实现了，那也不叫成人之美，而是"助纣为虐"。因此，所谓"君子成人之美"，就是指有德行的人，总是想着让别人好，尽力为别人创造条件，成全别人的好事。

【原典】

子曰："德不孤，必有邻。"

——《论语·里仁》

【释文】

孔子说："品德高尚的人不会孤独，一定有志同道合的人和他做伴。"

【品读】

孔子强调"道之以德"。在其看来，有德之人，会被众人所环绕，好学的人会自己聚集到有道德的人身边。人们交朋友总是喜欢寻找与自己性格相近、品德相类的人，于是"道不同，不相为谋"。《周易·系辞上》有言"方以类聚，物以群分"，《周易·乾卦》又言"同声相应，同气相求"，阐释的也是此意。故《大戴礼记·曾子立事》称："君子义则有常，善则有邻。"

【原典】

　　子曰："可与言而不与言①，失人②；不可与言而与之言，失言。知③者不失人，亦不失言。"

　　　　　　　　　　　　　　　——《论语·卫灵公》

【释文】

　　①与言：与他谈论。口，谈论。

　　②失人：错失人才。

　　③知：通"智"，明智，聪明。

　　孔子说："可以和他谈的话但没有与他谈，这是错失了人才；不可与他谈及却与他谈了，这是说错了话。聪明的人不错过人才，也不说错话。"

【品读】

　　在现代社会中，说话已经成为一种艺术，不仅要看场合、看时机，也要看对象。上面所阐述的固然是对上级说话的艺术，在日常生活中和普通人的交谈，即便是很亲近的朋友也要注意这一点。

【原典】

子贡问君子。子曰："先行其言而后从之。"

——《论语·为政》

【释文】

子贡问什么是君子。孔子说："作为君子，应该先去做事，然后慎重地说出来。"

【品读】

在现在的社会中，大家可能经常会碰到一些能说会道的人，在初次接触的时候，大家可能觉得他们很不错，觉得对方挺会说话的，而且分寸也把握得很好。但是，经过一段时间以后，你会发现对方只是嘴上功夫了得，若是论起实干的话，基本上就看不到他们的影子，这种人的行径就是巧言令色，与君子之为也相差甚远。一个能说会道的人，有时固然能够受到大家的欢迎。但是，人活在世上，不可能靠耍"嘴皮子"生活下去，要能说更要会做、肯做，这样才是长久之计。

【原典】

子夏曰："君子有三变：望之俨然，即之也温，听其言也厉。"

——《论语·子张》

【释文】

子夏说："君子有三变：远看他的样子庄严可畏，接近他又温和可亲，听他说话语言严厉不苟。"

【品读】

内在修养会通过人的言行举止表现出来，我们称之为风度或气质。在现实生活中，我们经常有这样的感觉，一个人相貌并不出众，穿着打扮也毫无特色，但是和他交往之后，就会感受他身上有一种非常吸引人的气质，让人愿意与他多交流；而一些相貌出众、打扮入时的人，初看给人感觉很好，可是时间长了，就会觉得这个人只是外表做得漂亮罢了，内在毫无可观之处。内在修养没有做好，外在表现就好不到哪里去，即便可以装得一时，也装不了一世，迟早会露出马脚。

【原典】

子曰:"里仁为美。择不处仁,焉得知?"

——《论语·里仁》

【释文】

孔子说:"跟有仁德的人住在一起,才是好的。如果你选择的住处不是跟有仁德的人在一起,怎么能说你是明智的呢?"

【品读】

关于个人成长,孔子强调了外部环境的重要影响。在他看来,一个人的道德修养,与外部的人文环境密切相关。因此,他就居住的环境的选择问题提出了自己的观点。正所谓环境改变人,只有与德行高尚的人在一起,才能在耳濡目染之下培养出高尚的情操。

【原典】

　　子曰："君子泰而不骄，小人骄而不泰。"

——《论语·子路》

【释文】

　　孔子说："君子安静坦然而不傲慢无礼，小人傲慢无礼而不安静坦然。"

【品读】

　　谦虚使人进步，骄傲使人落后。小社会里也能反映出人生百态，折射出人的内心世界。如果大家谈吐文雅，诚信礼让，乐于助人就会彰显君子之风，反之就会习染小人习气。

【原典】

子曰："后生可畏，焉知来者之不如今也？四十、五十而无闻焉，斯亦不足畏也已。"

——《论语·子罕》

【释文】

孔子说："年轻人是可敬畏的，怎么知道他们将来赶不上现在的人呢？一个人如果到了四五十岁的时候还没有什么名望，这样的人也就不值得敬畏了。"

【品读】

这是孔子勉励年轻人的名言。他从正反两个方面来提醒年轻人珍惜时光，努力进取。年轻人的优势在于年轻，来日方长，大有可为。但可惧的是很快会变老，一个人到了四五十岁，他的学问事业倘若还没有任何成就，那他也就没有什么可让人敬畏的了。

【原典】

　　所谓齐其家在修其身者：人之其所亲爱而辟焉，之其所贱恶而辟焉，之其所畏敬而辟焉，之其所哀矜而辟焉，之其所敖惰而辟焉。故好而知其恶，恶而知其美者，天下鲜矣。故谚有之曰："人莫知其子之恶，莫知其苗之硕。"此谓身不修，不可以齐其家。

　　　　　　　　　　　　　　　　　　　　——《大学》

【释文】

　　所谓要整治好家族在于修正自身品德，是因为人往往对于自己亲爱的人会有所偏爱；对于自己厌恶的人会有偏厌；对于自己敬畏的人会有偏敬；对于自己同情的人会有偏护；对于自己轻视的人会有偏轻。因此，喜欢一个人而能看到他的不足，讨厌一个人而能看到他的优点，这样的人天下少有。谚语说："人往往不知道自己孩子的缺点，往往不满足于自己的庄稼长得硕大。"这就是说不把自身修好，就不能整治好家族。

【品读】

　　想齐其家者得先修其身，所谓齐其家主要有：一是子女关系；二是夫妻关系；三是老人关系。而子女里面有教育，还有兄弟、姐妹关系。这些跟我们现在的家庭是很贴合的，每个家庭里面都或多或少有一些问题，最显著的是夫妻的和谐，子女的教育，当这些问题一个一个开始浮现的时候，很多人是抓狂的，要想解决问题，就要让能力大于问题，就要修身，提高情绪控制能力及认知能力。

【原典】

上重义，则义克利；上重利，则利克义。

——战国《荀子·大略篇》

【释文】

君主看重道义，道义就会胜过私利；君主推崇私利，私利就会胜过道义。

【品读】

不但在古代，就是到现在，义与利的冲突依然到处可见，彼此起伏，绚丽多彩，而又颇多警醒。仔细想想，义与利其实是可以共存的，利就是功利，义就是道义，二者既不能乎左，也不能乎右，而是义利兼有，义利互存，在义的基础上保证利，在利的前提下贯彻义，不然的话就会引起社会的治乱与稳定。再看这句话的意思，如果君子爱好义，那么民众就会暗自振作、端正自己的言行了；如果君主看好利，那么民众就会唯利是图、人为财死了。一种社会风气的正气与否，也是义利观树立正确与否的关键因素。现在的社会风气，有些人过于迷恋金钱，这就是过于重视利的不良现象。

【原典】

毋宁使人谓子，子实生我，而谓子浚（jùn）我以生乎？

——战国《左传·子产告范宣子轻币》

【释文】

您是宁可让人家说"您确实是养活了我"，还是说"您榨取我的血汗来养活您自己"呢？

【品读】

晋平公时，晋国是各诸侯国盟主，各国交纳币帛负担很重。子产是郑国政治家，他就这种状况采取寄书说理方式，利用晋国想极力保住盟主地位和希望得到美好声誉的心理，阐明"重币"与"轻币"的关系，使晋国不得不减轻对诸侯国的剥削。子产这封书信堪称先秦书信散文代表作。作为君王一定要善待自己的老百姓，千万不要压榨百姓，不然的话，压榨得轻了是作威作福，压榨得重了，可能被赶下下台，有的甚至还丢了卿卿性命。百姓为"水"，君王是"舟"，"水能载舟，亦能覆舟"（《谏太宗十思疏》）的道理亘古未变。有作为的、不作为的、极残暴的君王，这三者在老百姓的心中都有一番评价，当代著名诗人臧克家的《有的人》第一段就有深刻而传神的描绘："有的人活着，他已经死了；有的人死了，他还活着。有的人，骑在人民头上：'呵，我多伟大！'"因为历史成了最公正的审判者。

【原典】

　　天无私覆也，地无私载也，日月无私烛也，四时无私
行也。

——战国《吕氏春秋·去私》

【释文】

　　天没有出于私心要覆盖的，地没有出于私心要承载的。
太阳和月亮没有为自己准备的烛光，四季没有为自己而改
变的气候。

【品读】

　　天地无私，朗朗乾坤，日月为伴，四季分明，这是多
么适合人类生存发展的载体与空间，这也是我们为什么要
谢天谢地。我们必须的回报就是爱护环境，保护地球，关
注生态，使人与自然和谐共生，生生不息，渊源流长。随
后，我们要感谢父母，是他们把我们带到这个美丽的世界，
生育、养育、教育我们，所以我们要尊敬、孝顺、养老他
们。现代社会物质文明和精神文明高度发达，但人们往往
着重于物质文明的发展而忽略精神文明的建设。事实上，
这两种文明的发展都源于无私的奉献，因此，奉献在兼顾
个人利益的同时已成为社会进步的动力。作为个体的个人，
为人处事绵薄力，心底无私天地宽，默默奉献非偶然，社
会变成美人间。

【原典】

人固有一死，或重于泰山，或轻于鸿毛，用之所趋异也。

——西汉·司马迁《史记·报任安书》

【释文】

人固然早晚都有一死，但有的人死得比泰山还重，有的人死得却比鸿毛还轻，这是因为他们生存所依靠的东西不同啊！

【品读】

"人固有一死，或者重于泰山，或轻于鸿毛。"这句话后来成了千古名言。其实，这句话也是司马迁一生的追求与写照。他认识到生与死的价值，并作出毫不含糊的解释。这种人生观发扬了孟子"生"与"义"的精神之髓，并将其发展到一个更高的境界。从生命历程与创作的关系上揭示了一个颠扑不破的真理，就是"国家不幸诗家幸，赋到沧桑句便工"（赵翼《题遗山诗》）、"诗穷而后工"（欧阳修《梅圣俞诗集序》）、"愤怒出诗人"（尤维利斯）的文学创作规律。特别是成语"穷而后工"，意思是旧时认为文人越是穷困不得志，诗文就写得越好。这里的例子，古今中外，比比皆是。

【原典】

故善者因之，其次利道之，其次教诲之，其次整齐之，最下者与之争。

——西汉·司马迁《史记·货殖列传序》

【释文】

即使用高妙的理论挨家挨户地去劝导，到底也不能使他们改变，所以，对于人民最好的做法是顺其自然，其次是因势利导，再其次是进行教育，再其次是制定规章，限制他们的发展。而最坏的做法是与民争利。

【品读】

与民争利，自古以来就是一个被人谈论的话题。如果是站在政府和民间经济的关系上，这句话所表达的观点在时下中国听来也依然有振聋发聩之感。地方政府千万不要与民争利，这是不利于共同富裕，不利于社会和谐与稳定。

【原典】

故君子富，好行其德；小人富，以适其力。渊深而鱼
生之，山深而兽往之，人富而仁义附焉。

——西汉·司马迁《史记·货殖列传序》

【释文】

因此，君子富有了，才肯广施恩德与他人；平民富裕
了，才能调节自己的劳力。水深湖阔的地方，各种鱼类自
然会汇聚聚集于此；山深林密的地方，各种野兽自然会前
往；人富裕了，仁义自然就会归附了。

【品读】

司马迁驳斥老子"小国寡民"的历史倒退论，肯定人
们追求物质财富的合理欲望，并以此来说明社会问题和社
会意识问题。认为人们的物质生活需求必然推动社会生产
的分工和社会各经济部门的发展，而人的道德行为又是受
他占有财富的多少制约的，从而谴责汉武帝时的经济垄断
政策，抨击当时以神意解释社会问题的唯心主义观点。品
德高尚的君子，只有他们富有了，才会用自己多余的财富
去帮助社会上需要帮助的人，平民老百姓生活富裕了，衣
食无忧了，才有能力调节自己的劳动力，空出时间来做一
些自己喜欢的事情，丰富一下自己平时的爱好，满足一下
自己精神需求。

【原典】

大行不顾细谨，大礼不辞小让。

——西汉·司马迁《史记·项羽本纪·鸿门宴》

【释文】

干大事的人不用顾及细枝末节的问题，讲大礼的人不用顾及小处的谦让。

【品读】

危机关头、要紧时刻、要命之时，千万不能犹豫不决，不能拖泥带水，更不能含含糊糊，不分是非，没有立场；千万不要死板僵化，不能不知变通，更不能固执己见，要灵活行动，果断出击；千万要不拘小节，权衡利弊，当机立断作出选择。这是成大事者所必须具有的一种举重若轻性格与品质。而在日常生活中，要从小事做起，关注细节，重视局部，注意平时自己的一言一行。

【原典】

与人以实，虽疏必密；与人以虚，虽戚必疏。

——西汉·韩婴《韩诗外传》

【释文】

真诚待人，即使平时看来一些疏远，但实际上是亲密的；待人虚假，虽然表面上十分亲近，但实际上是疏远的。

【品读】

这句话贵在一个"实"字。实就是真，就是诚，就是信。待人就是要"实"，而决不能虚，绝不能假，绝不能伪。实，使你坚实真切，使你纯净坦荡，使你天地无私，没有任何虚伪造作的负担。实是一种美德，是一种道德力量，是一种德行的行为典范。与人交往，以实待人，诚信为本，就能得到他人的信任、尊重和亲近。而"与人以虚，虽戚必疏"却与之完全相反，我们绝不应有这种"虚"，也不需要这种"戚"。如果是一件文学作品，一定是真实的情感打动人；如果是一件艺术作品，一定是真实的美感打动人。

【原典】

　　天下，大利也，比之身则小；身之重也，比之义则轻。义之所全也。

　　　　　　　　　　——西汉·刘安《淮南子·泰族训》

【释文】

　　拥有天下，就要算大利了，但和生命比起来，这利益就小得多了；生命是贵重的，但是和道义比起来又轻了。舍弃宝贵的生命，正是为了保全高贵的道义。

【品读】

　　人们在生活中最常谈及的话题是名、权、利，与之对应的是名誉、权力、利益。"名誉"可归入"道义"，好的名誉与名声最终的归宿是道义，二者是一个方向上不同位置的展现。"生死"与"权力"似乎不沾边，权力能决定生死，如果权力是在道义的制高点上行施的生死抉择，二者又岂能脱离关系。

【原典】

子罕曰："我以不贪为宝，尔以玉为宝。若与我者，皆丧宝也，不若人有其宝。"故宋国之长者曰："子罕非无宝也，所宝者异也。"

——西汉·刘向《新序·节士》

【释文】

子罕说："我把不贪婪作为珍宝，你把宝玉当作珍宝。如果你把宝玉给了我，我们两人都丧失了自己的宝贝，不如我们各人拥有自己的宝贝。"所以宋国忠厚的长者说："子罕不是没有宝物啊，而是他视为宝物的东西与别人不一样啊。"

【品读】

人的观念不一样，对待事物的看法也不一样，产生的效果也会不一样。同样的东西，你以为是不可多得的至宝，他人可能认为是一无用处的废料；别人以为是玲珑宝贝，你可能认为是寻常之物。面对宝物，贪念作怪，想据为己有，这是想法不对，如果非要行动，就是犯法。没有贪欲的人，面对宝物，不为所动，视如常物，敬佩之至。所以人不能有贪念与贪欲，贪婪之心一起，就容易失去理智，到了欲壑难填的地步，就属于"人心不足蛇吞象"（翟灏《通俗编·禽鱼》）了。

中华经典名句品读

【原典】

　　仁者莫大于爱人，知者莫大于知贤，政者莫大于官贤。

——西汉·戴德《大戴礼记·主言》

【释文】

　　对讲仁爱的人来说，没有比做到关爱他人更重要的了；对于崇尚智慧的人来说，没有比了解贤能者更重要的了；对于执政者来说，没有比重任贤能的人更重要的了。

【品读】

　　做人，如果平凡，不要失去仁爱之心，关心他人，理解别人，帮助大家，热爱生活，知足常乐；如果聪明，不要失去谦虚之心，聆听长者，学习智者，践行贤者，百尺竿头，更进一步；如果从政，不要失去荐贤之心，发现人才，推举贤能，甘做绿叶，豁然大度，厚福无涯。不管是平凡，还是聪明，不管是打工，还是从政，这是人生千万种活法儿的一种，只要人品立得住，做人坦荡荡，就可以大有作为。

【原典】

义者，艺之分，仁之节也。协于艺，讲于仁，得之者强。仁者，义之本也，顺之体也，得之者尊。

——西汉·戴圣《礼记·礼运》

【释文】

所谓义，是办事的分寸，也是实行仁爱的标准。将礼和道义协调起来，而且讲究仁爱，这样做的人就会强大。所谓仁爱，是义理的根本，安定顺从的主体，这样做的人就会受到尊重。

【品读】

"仁义"具有深厚的文化渊源，是中国儒家文化中十分关键的道德元素。"仁、义、礼、智、信"被称为儒家"五常"，是做人最起码的道德准则。"仁"是"以人为本"的人性关怀，"义"是"公平正义"的坚守原则，二者是社会民众心理对道德信念的归属感和权威感的深刻折射。自古以来，仁者无敌，义行天下，在民众的民族血液和文化认同中，潜行了几千年。一个品德高尚的人，就必须在仁义的约束和塑造下而走向成功的。行仁举义都是有远见的人所作所为。

【原典】

道德仁义，非礼不成，教训正俗，非礼不备。

——西汉·戴圣《礼记·表记》

【释文】

树立道德仁义的观念，必须依靠礼仪来完成；实行教育训诫、端正风俗，必须靠礼仪才能齐备。

【品读】

这是指礼仪是以德治国的重要内容，树立德行，践行仁义，都需要"礼"的协助才能完成。用道德约束人的思想，用礼法美化人的行为，内外渗透，缺一不可，这也是孔子所说的"道之以德，齐之以礼"观点。

【原典】

　　子曰："我未见好仁者、恶不仁者。好仁者，无以尚之；恶不仁者，其为仁矣，不使不仁者加乎其身。有能一日用其力于仁矣乎？我未见力不足者。盖有之矣，我未之见也。"

——《论语·里仁》

【释文】

　　孔子说："我从未见过喜爱仁德的人和厌恶不仁德的人。喜爱仁德的人，那就没有比这更好的了；厌恶不仁德的人，他实行仁德，只是为了不使不仁德的事物加在自己身上。有谁能在某一天把他的力量都用在仁德方面吗？我没见过力量不够的。或许有这样的人，只是我没有见过罢了。"

【品读】

　　仁不是人天生就有的德行，需要努力以赴才有可能达成。好仁的人，凡事都能依于仁，积极主动地去追求仁，没有人能比这样的人更勤于思考、勤于践行仁的了。讨厌不仁之人虽然比不上好仁者的积极主动，但能做到远离不仁者，洁身自好，不使不仁者的习气沾染到自己身上，而不为恶，亦得为仁。仁德之道关键在于践行，一个人倘若终日行仁德之事，是不会感到力量不足的。

【原典】

子曰："君子喻^①于义，小人喻于利。"

——《论语·里仁》

【释文】

①喻：通晓，明白。

孔子说："君子懂得大义，小人只懂得小利。"

【品读】

小人追求个人利益，而君子亦会追求个人利益，但会先考虑所得是否合于义，以义为原则来规范自己的行为。这种义利观在中国历史上影响深远。

孟子说，鸡叫就起来，孜孜不倦行善的，是舜一类人；鸡叫就起来，孜孜不倦求利的，是跖一类人。要知道舜和跖的区别，没有别的，就在利和善之间。

【原典】

子曰："质胜文则野，文胜质则史。文质彬彬^①，然后君子。"

——《论语·里仁》

【释文】

①文质彬彬（bīn）：文质配合适当。

孔子说："质朴多于文采就难免显得粗野，文采超过了质朴又难免流于虚浮。文采和质朴完美地结合在一起，这才能成为君子。"

【品读】

这是孔子的传世名言。它高度概括了文与质的合理互补关系和君子的人格模式。文与质是对立统一、相辅相成的。未经加工的质朴是朴实淳厚的，但容易显得粗野。后天习得的文饰，虽然华丽可观，但易流于虚浮。

质朴与文采是内容与形式的关系，是同样重要的，只有文、质双修，才能成为合格的君子。孔子的文质思想经过两千多年的历史实践，成为中国人"君子"形象最为鲜明的写照，对后世产生了深远的影响。

【原典】

子曰："君子坦荡荡，小人长戚戚。"

——《论语·述而》

【释文】

孔子说："君子的心地开阔宽广，小人却总是心地局促，带着烦恼。"

【品读】

真君子都有着旷达的心胸，他们不拘泥于物，既不以物喜，也不以己悲。因此，无论在什么情况之下，都能够无愧于心，始终坦坦荡荡。但小人则多以私利为重，经常患得患失，心胸狭隘，故时常忧愁烦恼。这便是"君子坦荡荡，小人长戚戚"。

拥有旷达胸怀，这不仅是人们永远保持乐观向上的一种心态，还是人生修养的一种境界。忧伤愁苦并不能解决任何问题，人们只有保持着乐观的态度，通过艰苦的奋斗，才能获得最终的幸福。但是，人与人之间毕竟还存在着差异，即便是在同样的环境下生活的人们也不尽相同，有人终日乐观愉快地生活着，而有的人则整日里愁苦不堪。

【原典】

曾子曰："可以托六尺之孤①，可以寄百里②之命，临大节而不可夺也。君子人与③？君子人也。"

——《论语·泰伯》

【释文】

①六尺之孤：古人以七尺指成年，六尺指十五岁以下。

②百里：指方圆百里的诸侯大国。

③与（yú）：同"欤"，表疑问的语气词。

曾子说："可以把幼小的孤儿托付给他，可以将国家的命脉寄托于他，面对安危存亡的紧要关头，能够不动摇屈服。这样的人是君子吗？这样的人是君子啊。"

【品读】

做人要有操守，尤其是身为执政者，在各方面都应严格要求自己，按照原则行事。在曾子看来，真正的君子是讲道德、有节操、有才能的人，他能受命辅佐幼君，可以执掌国家大政。即便是在国家生死存亡的大关节时，他们也不会为了一己之私利而改变自己的气节，始终都坚守着自己的责任。

【原典】

子曰："富与贵，是人之所欲也；不以其道得之，不处也。贫与贱，是人之所恶也；不以其道得之，不去也。君子去仁，恶乎成名？君子无终食之间违仁，造次必于是，颠沛必于是。"

——《论语·里仁》

【释文】

孔子说："金钱和地位，是每个人都向往的，但是，以不正当的手段得到它们，君子不享受。贫困和卑贱，是人们所厌恶的，但是，不通过正当的途径摆脱它们，君子是不会摆脱的。君子背离了仁的准则，怎么能够成名呢？君子不会有吃一顿饭的时间离开仁德，即使在匆忙紧迫的情况下也一定要遵守仁的准则，在颠沛流离的时候也和仁同在。"

【品读】

在孔子看来，每个人都想过上富裕的生活，摆脱贫困的局面，这本是好事。但是，对于君子而言，富与贵应当取之有道。即便贫困的生活再不好，想要去之也应有道，这才是君子所为。而这个道，就是仁义之道，它是君子安身立命的基础。无论是富贵还是贫贱，无论是在仓促之间还是颠沛流离之时，都不能违背这个原则。

【原典】

樊迟问仁。子曰："居处恭，执事敬，与人忠。虽之夷狄，不可弃也。"

——《论语·子路》

【释文】

樊迟问什么是仁。孔子说："平时的生活起居要端庄恭敬，办事情的时候严肃认真，对待他人要忠诚。就是去边远的少数民族居住的地方，也是不能废弃这些原则的。"

【品读】

孔子提出了做人在生活、工作和交友等各个方面的"仁"的要求，即"恭""敬""忠"是一个人的为人之道。生活中保持恭肃之心，工作中做事诚敬，毫不苟且，与人相交忠诚以待，到哪里都行得通。

【原典】

　　子路问君子，子曰："修己以敬。"曰："如斯而已乎？"
曰："修己以安人①。"曰："如斯而已乎？"曰："修己以
安百姓②。修己以安百姓，尧、舜其犹病③诸！"

　　　　　　　　　　　　　　　　　　——《论语·宪问》

【释文】

　　①安人：使别人安乐。

　　②安百姓：使百姓安乐。

　　③病：这里有"难"的意思。诸："之于"的合音。

　　子路问怎样做才是君子。孔子说："修养自己以做到恭
敬认真。"子路说："像这样就可以了吗？"孔子说："修
养自己并且使别人安乐。"子路又问："像这样就可以了
吗？"孔子说："修养自己并且使百姓安乐。修养自己，使
百姓都安乐，尧、舜大概都担心很难完全做到吧！"

【品读】

　　孔子谈的仍是君子要注重修身的道理。从自己做起，
自己心诚，对人尊敬，这是立身处世和管理政事的根本。

【原典】

　　子曰："君子矜^①而不争，群而不党。"

——《论语·卫灵公》

【释文】

　　①矜（jīn）：庄重的意思。

　　孔子说："君子矜持庄重而不与人争执，合群而不与人结成宗派。"

【品读】

　　这里提到的"矜而不争"，意思是说，与人相处要庄重谦和，处处忍让，不要争强好胜。关于"群而不党"，必须搞清"党"的意思。这里的党，不是我们现在理解的带有政治性的党派，而是具有更宽泛意义的因共同利益而结成的团体、派系等。所以，"群而不党"是说待人接物平易近人，要合群，但不搞小团体，不去拉帮结派。

【原典】

　　子贡曰："纣①之不善，不如是之甚也。是以君子恶居下流，天下之恶皆归焉。"

——《论语·子张》

【释文】

　　①纣：商朝最后一个君王，是有名的暴君。

　　子贡说："商纣王的无道，不像现在流传得那么严重。所以君子忌讳身染污行，因为一沾污行，天下的坏事就都归集到他身上去了。"

【品读】

　　子贡的意思是说，舆论对一个人的评价往往带有一种从众的"惯性"：说某人好，要说得比某人实际做的还要好；说某人坏，则要说得比某人实际做的还要坏。因此警诫君子要注重修身，不要居于下流。

　　子夏之门人问交于子张。子张曰："子夏云何？"对曰子夏曰："可者与①之，其不可者拒之。"子张曰："异乎吾所闻：君子尊贤而容众，嘉善而矜不能。我之大贤与，于人何所不容？我之不贤与，人将拒我，如之何其拒人也？"

　　　　　　　　　　　　　　　　——《论语·子张》

【释文】

　　①与："可者与之"的"与"是相与交往的意思，后两个与字是语气词。

　　子夏的门人向子张请教怎样交朋友。子张说："子夏说了什么呢？"子夏的学生回答说："子夏说：'可以交往的就和他交往，不可以交往的就拒绝他。'"子张说："这和我所听到的不一样！君子尊敬贤人，也能够容纳众人，称赞好人，怜悯无能的人。如果我是个很贤明的人，对别人有什么不能容纳的呢？如果我不贤明，别人将会拒绝我，我怎么能去拒绝别人呢？"

【品读】

　　这段文字说的是交友之道，子夏和子张同为孔子的学生，他们的观点并不完全一样。东汉蔡邕在《正交论》中对二人同门而异见作了解释："商也宽，故告之以距人；师也褊，故告之以容众。"意思是，子夏为人太宽厚，容易被人利用，所以孔子劝导要会拒绝，因此子夏得到的示意是"可者与之，其不可者拒之"。而子张为人太苛责，因而孔子劝导他为人要宽容，多看别人的优点，这样就能扩大交友圈子，因此子张从孔子处得到的示意是"尊贤而容众，嘉善而矜不能"。子夏和子张对交友问题的看法有冲突，是孔子因材施教的结果。两种观点并不能分出谁对谁错来，都有其合理性。

【原典】

　　子路曰："君子尚勇乎？"子曰："君子义以为上。君子有勇而无义为乱，小人有勇而无义为盗。"

——《论语·阳货》

【释文】

　　子路说："君子崇尚勇敢吗？"孔子说："君子把义看作是最尊贵的。君子有勇无义就会作乱，小人有勇无义就会去做盗贼。"

【品读】

　　在孔子的学说中，"勇"被视为人生三大德之一，他本人对此曾多次论述。本章文字中，孔子重点强调了尚勇的前提，指出勇要受到义的约束。认为没有义的约束，勇可能就会成为乱的根源。孔子生逢乱世，礼崩乐坏，社会秩序不断瓦解，这些乱子让孔子深恶痛绝。因而对于勇，孔子更多的是担心，而不是崇尚。

　　孔子并不排斥勇，但也不是无原则的提倡。在各种德行之中，他把仁义排在前面，而把勇力排其后。

【原典】

孔子曰："君子有九思，视思明，听思聪，色思温，貌思恭，言思忠，事思敬，疑思问，忿思难，见得思义。"

——《论语·季氏》

【释文】

孔子说："君子有九种思考：看的时候要思考看明白了没，听的时要思考听清楚了没，待人接物时，要想想脸色是否温和，样貌是否恭敬，说话时要想想是否忠实，做事时要想想是否严肃认真，有疑难时要想着询问，气愤发怒时要想想可能产生的后患，看见可得的要想想是否合于义。"

【品读】

九思从字面上非常容易理解，对它们的解释也都大同小异。我们可以就其所指对它们进行分类，这样有助于我们理解。"视思明，听思聪"是从获取信息上说的。无论做什么事，都要以获取信息为前提。"色思温，貌思恭"是从人际交往上说的。我们都知道，良好的人际关系，是走向成功的必备武器之一。"言思忠，事思敬"是从为人处世上说的。要想在社会中更好地生存，就要会说话，会办事。"疑思问，忿思难"是从解决问题的态度上说的。不管遇到什么样的困难，都要先保持冷静。"见得思义"说的是价值观。

【原典】

孔子曰："君子有三畏：畏天命，畏大人，畏圣人之言。小人不知天命而不畏也，狎大人，侮圣人之言。"

【释文】

孔子说："君子有三种敬畏：敬畏天命，敬畏王公大人，敬畏圣人的言论。小人不知道天命不可违抗，所以不敬畏它，轻视王公大人，侮慢圣人的言论。

【品读】

孔子讲的是一个人要有敬畏之心才能成为言行高尚的君子，这也是最好的立身处世之道。畏天命，是对自然规律的敬畏，因为顺之则吉，逆之则凶。畏大人，是对有德有位者的敬畏，因为他们负责治理国家，位高权重，维护着社会的秩序，稍有差错，便会祸及百姓。畏圣人，是因为圣人的话具有万古不易的道理，指出了人生应该遵循之道，违背了就会有灾祸，足以使人敬畏。

【原典】

子夏曰："贤贤易色；事父母能竭其力；事君，能致其身；与朋友交，言而有信。虽曰未学，吾必谓之学矣。"

——《论语·学而》

【释文】

子夏说："一个人能够看重贤德而改变喜好女色之心；侍奉父母能够竭尽全力；服侍君主能够献出自己的生命；与朋友交往中说话有诚信。这样的人，尽管他自己没有学习过，我一定说他已经学习过了。"

【品读】

子夏的这几句话意在重申孔子的观点：修德必须重视实践。在他看来，德行本身就是一种实践，只有通过不断地实践，才能摸索出真正的学问，这与掌握了多少文化知识并无太大的关联。并且，他还给我们指出，只要能在实践中做到"德""孝""忠""信"等，就能成为一个有道德的人。即便那个人没有学过多少知识，依然能够受到人们的尊敬。因为，德行远比学识重要。

【原典】

子闻之，曰："成事不说，遂事不谏，既往不咎。"

——《论语·八佾》

【释文】

孔子听到后说："已经做过的事不用提了，已经完成的事不用再去劝阻了，已经过去的事也不必再追究了。"

【品读】

所谓"成事不说，遂事不谏，既往不咎"，就是告诉宰我，事情过去不必再提，既成事实多说无益，以往的过错不要再追究。显然孔子认为周武王用栗木做牌位确实是错误的，只是希望宰我对这事不要再提，以免误导鲁哀公。孔子教训宰我的这三句话，为后世确立一个对待过去错误或失败的原则，那就是"既往不咎"，这种思想利弊兼有，对后世影响极大。

【原典】

　　子贡问友。子曰："忠告而善道之，不可则止，毋自辱也。"

——《论语·颜渊》

【释文】

　　子贡问怎样对待朋友。孔子说："忠诚地劝告他，恰当地引导他，如果不听也就罢了，不要自取其辱。"

【品读】

　　孔子谈交友之道：要忠言直告又要恰当地引导，不宜强加于人。即使是忠言善语，不被朋友接受，也不要去强加于人，否则自讨没趣。这种交友处世之道，至今有用。

【原典】

曾子曰："君子以文会友，以友辅仁。"

——《论语·颜渊》

【释文】

曾子说："君子以文章学问来结交朋友，依靠朋友帮助自己培养仁德。"

【品读】

《论语》的仁的第一义是一个人面对自己而要求自己能真正成一个人的自觉自反。真能自觉自反的人便会有真正的责任感，有真正责任感，便会产生无限向上之心。凡此，都是《论语》中仁字的含义。道德的自觉自反，是由一个人的"愤""悱""耻"等不安之念而突破自己生理的制约性，以显出自己的德性。德性突破了自己生理的制约而生命力上升时，此时不复有人己对立的存在。

【原典】

　　子曰："有德者必有言，有言者不必有德。仁者必有勇，勇者不必有仁。"

——《论语·宪问》

【释文】

　　孔子说："有道德的人，一定有言论，有言论的人不一定有道德。仁人一定勇敢，勇敢的人都不一定有仁德。"

【品读】

　　言论与道德以及勇敢与仁德之间的关系、这是孔子的道德哲学观。他认为勇敢只是仁德的一个方面，二者并不是齐等的关系，所以，人除了有勇以外，还要修养其他各种道德，从而成为有德之人。

【原典】

子曰："可与言而不与之言，失人；不可与言而与言，失言。知者不失人，亦不失言。"

——《论语·卫灵公》

【释文】

孔子说："可以同他谈的话，却不同他谈，这就是失掉了朋友；不可以同他谈的话，却同他谈，这就是说错了话。有智慧的人既不失去朋友，又不说错话。"

【品读】

孔子在这里谈了个具体的问题，就是如何说话。他提到了两个概念，一个是"失人"，一个是"失言"。孔子认为，应该给某人说的话，却没有给他说，就是对不起这个人，是失人；而不该给某人说的话，却给他说了，这是看错了听话对象，是失言。不论是失人还是失言，都牵涉到一个问题，就是没有看清说话的对象。

【原典】

孔子曰："益者三友，损者三友。友直，友谅，友多闻，益矣。友便（pián）辟，友善柔，友便佞，损矣。"

——《论语·季氏》

【释文】

孔子说："有益的交友有三种，有害的交友有三种。与同正直的人交友，与诚信的人交友，与见闻广博的人交友，这是有益的。与谄媚逢迎的人走邪道的交朋友，与当面奉承背后诋毁的人交朋友，与惯于花言巧语的人交朋友，这是有害的。"

【品读】

"无友不如己者。"这是我们在前面学习的夫子的交友之道，也就是夫子交友的原则。这个原则实际左右了我们如何交友，交何种友。无论我们选择什么样的人做朋友，其根本的出发点还是在于我们自身的品性。同样的道理，朋友之所以会选择以我为友，也就说明我与友人之间定有相同或相似之处。也就是说，友人也正如一面镜子，看到他身上的优缺点同时也就看到了我自身的优缺点。

【原典】

　　子曰："不患人之不己知，患不知人也。"

——《论语·学而》

【释文】

　　孔子说："不要担心别人不了解自己，应该担心的是自己不了解别人。"

【品读】

　　孔子教育学生，在处世上要有人不知而不愠的精神，能够在寂寞中做成应该做的事业，完成应该具有的仁德修养。学，是为了自己的进步，而不要把精力用于怨天尤人上。处世是需要了解别人的，自己心态平和，才能真实地了解别人。不去苛求别人，要把精力用于提升自己的能力上。君子不担心没有人了解自己，不忧虑不能树立美好的名声，只忧虑自身的修养不够深厚，不能去充分了解别人。此章孔子讲的交友之道，所提出的标准至今都有非常重要的参考价值。

【原典】

子曰："人而不仁，如礼何①？人而不仁，如乐何？"

——《论语·八佾》

【释文】

①如礼何：怎样对待礼仪制度。

孔子说："做人如果没有仁德，怎么对待礼仪制度呢？做人如果没有仁德，怎么对待音乐呢？"

【品读】

仁是孔子学说的中心，它来自固有的道德，是礼乐所由之本。礼讲谦让敬人，乐须八音和谐，无相夺伦。一个人没有仁的本质，则无谦让敬人、和谐无夺等美德，即便行礼奏乐，也不具有实质意义。所以，人而不仁，礼对他有什么用？人而不仁，乐对他有什么用？这里即是说不仁之人，是用不了礼乐的。

【原典】

子曰："君子无所争。必也射①乎！揖②让而升，下而饮。其争也君子。"

——《论语·八佾》

【释文】

①射：指古代的射礼。乡射礼规定两人一组，相互作揖然后登堂，射完再相互作揖退下。各组射完后，再作揖登堂饮酒。

②揖：拱手行礼。

孔子说："君子没有什么可与别人争的事情。如果有，一定是比射箭了。比赛时，相互作揖谦让后上场。射完后，登堂喝酒。这是一种君子之争。"

【品读】

这里，核心的思想是君子不争。有人会奇怪，不争怎么会得到。关于这一点，子贡曾作过解说。当子禽问子贡，夫子是怎样得闻各国国情的，子贡答"夫子温、良、恭、俭、让以得之"，这句话中，得的对象是各国机密，但同样可以用到其他场合。也就说，孔子认为，对一个君子来说，根本没有必要去争，无论是财富、地位还是官爵，只要你有德行，有贡献，自然会有人把这些东西送给你。当今社会，特别重视竞争，许多人把君子之争视为窝囊忍让的表现，这是极其错误的。君子不争是一种高深的智慧，有道家先予后取的意味。试想一下，假设社会公平，如果你品行高尚、才能出众，哪个组织的领导不愿提拔你？哪个企业的老板不去重用你，地位和财富自然不争而来。

【原典】

　　子谓《韶》^①："尽美^②矣，又尽善^③也。"谓《武》^④：
"尽美矣，未尽善也。"

——《论语·八佾》

【释文】

　　①《韶》：相传是舜时的乐曲名。

　　②美：指乐曲的声音美。

　　③善：指乐曲的内容美。

　　④《武》：相传是周武王时的乐曲名。

　　孔子评论《韶》，说："乐曲美极了，内容也好极了。"
评论《武》，说："乐曲美极了，内容还不是完全好。"

【品读】

　　在孔子看来，礼乐制度的核心在于"仁"。如果失去
了这个核心，礼乐就没有什么价值了。他曾经说过，"人
而不仁如礼何，人而不仁如乐何"？也就是说，人不仁不
可以谈及礼乐。而真正的仁者之乐，必然是尽善的。这种
"仁"的音乐能够陶冶人的性情，提高人的修养，最终可以
用来巩固统治，并使社会安定。

【原典】

子曰："不仁者不可以久处约①，不可以长处乐。仁者安仁，知②者利仁。"

——《论语·里仁》

【释文】

①约：穷困之意。

②知（zhì）：同"智"。

孔子说："没有仁德的人不能够长久地安于穷困，也不能够长久地处于安乐之中。有仁德的人长期安心于推行慈爱精神，聪明的人认识到仁对他有长远的利益而实行仁。"

【品读】

孔子认为没有仁德的人长久地处在贫困或安乐之中都会更加堕落，只有仁者才能安于仁，也只有智者才会行仁。有了仁的本心，就能在任何环境下做到矢志不移，保持节操。

贫富沉浮可能大多数人都会经历，但每个人对处在这样的境遇中有着不同的心态。不仁之人，不可以久处贫困，久困则为非。也不可以长处富乐，长富则容易滋生骄奢淫逸之心。仁者宅心仁厚，为仁无所希求，只求心安理得，不会因为身处贫困而忧心悲戚，也不因为身居富贵而骄奢凌人，有着平和的心态和不易的情操志向，是为安仁。智者有洞明之识见，认识到仁对他有长远的利益而实行仁。

【原典】

　　子曰："君子之于天下也，无适①也，无莫②也，义③之与比。"

　　　　　　　　　　　　　　　　　——《论语·里仁》

【释文】

　　①适（dí）：意为专主、依从。

　　②莫：不肯。无适无莫，指做事不固执。

　　③义：适宜、妥当。比：亲近、相近。

　　孔子说"君子对于天下的事，没有规定一定要怎样做，也没有规定一定不要怎样做，而只考虑怎样做才合适恰当，就行了。"

【品读】

　　君子处世以义为准则。弦高面前摆着两样东西，一样是利益——国家对他的酬谢；一样是道义——国家的风气。二者格格不入，因为他是凭着欺诈立的功，如果他接受赏赐，就意味着国家赞许不道德的行为，这实际上是为国民树立一个坏榜样，所以，弦高拒绝了利益，远走他乡，把自己像个罪人似的流放了。

【原典】

子曰："见贤^①思齐焉，见不贤而内自省^②也。"

——《论语·里仁》

【释文】

①贤：贤人，有贤德的人。齐：看齐。

②省：反省，检查。

孔子说："看见贤人就应该想着向他看齐；见到不贤的人，就要反省自己有没有类似的毛病。"

【品读】

自我反省是道德修养的一种方法，经常反省自己，可以去除心中的杂念，理性地看待自己，快速地改掉自己的缺点，完善自己的道德境界。在人的一生中，重要的不是你能做出什么伟大功业，而是能否战胜自己。战胜自己，就是促使自己内心向善力量的增长，去除心中的不良念头，塑造和重建自己的人格，而要做到这一点，没有自省是办不到的。自省的方法很多，比如慎独和曾子的三省吾身，这两个方法都注重内在的品读。而孔子这里提出的方法则是由外而内，避免了独坐枯思可能带来疲倦和迷茫，从而使自省变得生动和活泼起来。

子游曰："事君数，斯辱矣；朋友数，斯疏矣。"

——《论语·里仁》

【释文】

子游说："进谏君主过于频繁，就会遭受侮辱；劝告朋友过于频繁，反而会被疏远。"

【品读】

在子游看来，人与人之间太过亲密或是太过疏远都不是最好的。每个人都应有着属于自己的私密空间，若是双方太过亲密，没有一点秘密的话，时间久了肯定会产生厌烦的情绪，对双方的发展都不利。若是双方过于疏远的话，就会产生冷淡，也不利于双方的交往。也就是说，双方只有在适当的距离内，才能奏响最和谐的音符。

【原典】

孟武伯问："子路仁乎？"子曰："不知也。"又问。子曰："由也，千乘之国，可使治其赋也。不知其仁也。""求也何如？"子曰："求也，千室之邑，百乘之家，可使为之宰①也，不知其仁也。赤②也何如？"子曰："赤也，束带立于朝，可使与宾客言也。不知其仁也。"

——《论语·公冶长》

【释文】

①宰：古代县、邑一级的行政长官。卿大夫的家臣也叫宰。

②赤：公西赤，字子华，孔子的学生。

孟武伯问："子路算得上有仁德吗？"孔子说："不知道。"孟武伯又问一遍。孔子说："仲由呵，一个具备千辆兵车的大国，可以让他去负责军事。至于他有没有仁德，我就不知道了。"又问："冉求怎么样？"孔子说："求呢，一个千户规模的大邑，一个具备兵车百辆的大夫封地，可以让他当总管。至于他的仁德，我弄不清。"孟武伯继续问："公西赤怎么样？"孔子说："赤呀，穿上礼服，站在朝廷上，可以让他和宾客会谈。他仁不仁，我就不知道了。"

【品读】

　　此章中，孔子对自己的三个学生进行了评价，认为他们各有专长，有的可以管理军事，有的可以管理内政，有的可以主持外交。在孔子看来，最重要的标准——仁，他的学生们都没有达到，这也反映了为仁之难。在孔子心目中，仁的标准很高，是一种理想和完美的人格，故孔子不轻易以仁来许人。

【原典】

　　子贡曰："我不欲人之加①诸我也，吾亦欲无加诸人。"
子曰："赐也，非尔所及也。"

——《论语·公冶长》

【释文】

　　①加：有两种解释，一是施加，一是凌辱。今从前义。

　　子贡说："我不愿别人把不合理的事加在我身上，我也
不想把不合理的事加在别人身上。"孔子说："赐呀，这不
是你可以做得到的。"

【品读】

　　子贡的这番言论是自己求学的心得，表明了他的志向。
他希望自己能做到"我不欲人之加诸我，吾亦欲无加诸人"
的境界，但是，孔子却认为子贡很难达于此境。

　　"我不欲人之加诸我，吾亦欲无加诸人"，是一种仁善
生命的自由，在孔子看来，能做到这一点，就是达到仁的
境界，相当于把握并能施行仁道。在孔子的思想体系中，
仁具有着至高无上的地位，是极难达到的境界，连孔子本
人都不敢说自己达到此境。所以，当子贡说出这个思想后，
孔子直言相告，"这不是你能做到的"。

【原典】

　　子曰：“晏平仲①善与人交，久而敬之。”

　　　　　　　　　　　　　　　——《论语·公冶长》

【释文】

　　①晏平仲：名婴，谥号为“平”，齐国的大夫，曾任齐景公的宰相。

　　孔子说：“晏平仲善于与人交往，相识时间久了，别人更加尊敬他。”

【品读】

　　孔子在这里称赞齐国大夫晏婴善于跟人交朋友。一般人与人交朋友，相处久了，往往是非亲即疏。而晏婴为人矮小，样貌也不好看，但别人与他相处愈久，对他愈是敬重，因为他有着持久的人格魅力，这是很难得的。

【原典】

子谓子产①："有君子之道四焉：其行己也恭，其事上也敬，其养民也惠，其使民也义。"

——《论语·公冶长》

【释文】

①子产：姓公孙，名侨，字子产，郑国大夫。做过正卿，是郑穆公的孙子，为春秋时郑国的贤相。

孔子评论子产说："他有四个方面符合君子的标准：他待人处世很谦恭，侍奉国君很负责认真，养护百姓有恩惠，役使百姓合乎情理。"

【品读】

在孔子看来，子产身居高位，上对君主恭敬有礼，下对黎民惠泽万千，是个很有君子之德的政治家，并将其美德总结为行己恭、事上敬、予民惠、使民义等四项。注意，这里的君子是指有地位的执政者。君子四德，是儒家对领导者提出的要求。首先，作为一个领导者，应该尽量培养出自己特有的人格魅力，即"行己恭"。这是对自身操行的要求，是一种自我修养的方式。也就是说，作为领导者而言，应当时刻注意好自己的言行，给自己的下属做好榜样。正所谓"己不正，焉能正人"？做领导的若是整天无所事事，或是横行乡里，那他的属下肯定也会上行下效。另外，领导者的人格魅力，在很大程度上影响着一个团队。对于一个人才而言，若是他觉得这个领导值得追随，即便眼前的情况非常艰苦他也不会泄气。但是，若是他对领导失望透顶的话，就会另谋高就。我们都知道，失去人才的团队是没有力量的。

【原典】

　　子曰：“伯夷、叔齐①不念旧恶，怨是用希。”

　　　　　　　　　　　　　——《论语·公冶长》

【释文】

　　①伯夷、叔齐：孤竹君的两个儿子。父亲死后，互相让位，都逃到周文王那里。周武王起兵伐纣，他们以为这是以臣弑君，拦在马前劝阻。周灭商统一天下后，他们以吃周朝的粮食为耻，逃进山中以野草充饥，饿死在首阳山中。

　　孔子说：“伯夷、叔齐这两兄弟不记旧仇，因此别人对他们的怨恨很少。”

【品读】

　　要想获得快乐的生活，做人就应当大度一点，不要总对他人怀恨在心。否则的话，冤冤相报只会没完没了，永远都等不到安宁的那一天。

　　为了推行自己的政治理念，孔子周游列国。在游历诸国之时，因为政见不同，孔子多次遭到各国权贵的暗害，有好几次都险些丧命。宋国大夫桓魋因为没有追赶上孔子师徒一行，将孔子师生曾经研习礼法之处的大树给拔掉了，还一再扬言非要杀了孔子不可。齐国也有贵族想要除掉孔子，逼得孔子只能四处逃亡。可以说，在孔子的一生之中，与其对立的政敌并不在少数，但是对这些人孔子却没有多少怨恨，甚至还非常理解，这就是不念旧恶的美德。不念旧恶作为一种美德，它可以为人们的生存创造出一个宽松、和谐的环境。而且，这种美德也不需要成本，人们只需通过自身的努力，保持谦让、宽容的态度，就能让大家受益无穷。

【原典】

哀公问："弟子孰为好学？"孔子对曰："有颜回者好学，不迁怒①，不贰过②。不幸短命死矣。今也则亡，未闻好学者也。"

——《论语·雍也》

【释文】

①不迁怒：不把对此人的怒气发泄到彼人身上。

②不贰过："贰"是重复、一再的意思。这是说不犯同样的错误。

鲁哀公问："你的学生中谁最爱好学习？"孔子回答说："有个叫颜回的最爱学习。他从不迁怒于别人，也不犯同样的过错。只是他不幸短命死了。现在没有这样的人了，再也没听到谁爱好学习的了。"

【品读】

颜回的好学不仅仅指他爱好学习，而且还包括他不迁怒、不贰过的心性修养。自己有了过失而不反省修正，反而怨恨别人，就是迁怒，是人所共有的逃避心理。对自己同样的过错照旧再犯而不思改正，或者对他人犯过的过失不加借鉴，自己也犯，是为贰过，这同样是人所常犯的。但颜回却能做到不迁怒、不贰过，可见他的德行、涵养极深。而他有此涵养，是由于他的好学。所以孔子在他英年早逝后悲恸至极。

【原典】

子绝四，毋意①，毋必②，毋固③，毋我④。

——《论语·子罕》

【释文】

①意：通"臆"，主观地揣测。

②必：绝对。

③固：固执。

④我：自以为是。

孔子杜绝了四种毛病：不凭空臆测，不武断绝对，不固执拘泥，不自以为是。

【品读】

人是种很自我的动物，从起心动念处，喜欢无根据妄加猜测，表达观点时主观武断，一旦行动起来则喜欢固执己见，做事的过程中更是自以为是。这四种毛病，可以说是人人都有的，它涉及到了人的本能心理和行为习惯问题，会对人们认知客观世界和行为做事有着深刻的影响。为了纠正这几项错误，孔子提出了人生四戒，即：毋意、毋必、毋固、毋我。

【原典】

执圭①，鞠躬如也，如不胜。上如揖，下如授。勃如战色，足蹜蹜②，如有循。享礼，有容色。私觌，愉愉如也。

——《论语·乡党》

【释文】

①圭（guī）：一种玉器，上圆下方。举行典礼时，君臣都拿着。

②蹜（sù）蹜：脚步细碎紧凑，宛如迈不开步一样。

（孔子出使到别的诸侯国，行聘问礼时）拿着圭，恭敬而谨慎，好像拿不动一般。向上举圭时好在作揖，向下放圭时好像在交给别人。神色庄重，战战兢兢；脚步紧凑，好像在沿着一条线行走；献礼物的时候，和颜悦色。私下里和外国君臣会见时，则显得轻松愉快。

【品读】

孔子在朝堂上的仪态举止，表现出他对自己职位的敬畏和尊重之情。孔子在不同的场合，对待不同的人，容貌、神态、言行都有所不同，但是有一点是相同的，就是他一贯的庄重和敬畏之情。在家乡时，他谦逊、和蔼；在朝廷上，则态度庄敬而有威仪，不卑不亢，光明正大；在国君面前，温和恭顺，庄重严肃又诚惶诚恐。这些都为人们深入研究孔子，提供了生动的第一手资料。

【原典】

仲弓问仁，子曰："出门如见大宾，使民如承大祭。己所不欲，勿施于人。在邦①无怨，在家②无怨。"仲弓曰："雍虽不敏，请事斯语矣。"

——《论语·颜渊》

【释文】

①邦：诸侯统治的国家。

②家：卿大夫的封地。

仲弓问什么是仁。孔子说："出门好像去见贵宾，役使民众好像去承担重大祀典。自己所不想要的事物，就不要强加给别人。在邦国做事没有抱怨，在卿大夫的封地做事也无抱怨。"

仲弓说："我冉雍虽然不聪敏，请让我照这些话去做。"

【品读】

人生在世，为人处事要讲究一定的方法和原则，才能够使生活获得幸福，事业取得成功。本章之中，孔子便为我们提供了一个很好的为人处世的原则。当仲弓问孔子什么是仁的时候，孔子并没有和他谈道理，而是从实际出发告诉他具体应该怎么去做。孔子是从为政方面来具体阐述的，尽管如此，他所说的道理也能为我们提供一个很好的借鉴。

【原典】

司马牛问仁，子曰："仁者，其言也讱①。"曰："其言也讱，斯谓之仁已乎？"子曰："为之难，言之得无讱乎？"

——《论语·颜渊》

【释文】

①讱（rèn）：说话谨慎，不容易出口。

司马牛问什么是仁，孔子说："仁人，他的言语显得谨慎。"司马牛说："言语谨慎，这就可以称作仁了吗？"孔子说："做起来难，说话能不谨慎吗？"

【品读】

孔子因材施教，因为司马牛多言而浮躁，所以孔子特别针对他这一缺点，告诉他说话要和缓谨慎，少说话多行动，强调言行一致的重要性。

【原典】

子曰："其身正，不令而行；其身不正，虽令不从。"

——《论语·子路》

【释文】

孔子说："（作为管理者）如果自身行为端正，不用发布命令，事情也能推行得通；如果本身不端正，就是发布了命令，百姓也不会听从。"

【品读】

作为儒家思想的典型代表和儒派人物中的精英分子，孔子对统治者这一群体的关注远胜于其他。这是因为以"仁""爱"为中心的儒家学说要求统治者在施政的过程当中必须关心和爱护其治下的百姓，故而孔子也为统治者提出了一系列的要求，本章就是一例。

【原典】

子曰："不知命，无以①为君子也；不知礼，无以立也；不知言②，无以知人也。"

——《论语·尧曰》

【释文】

①无以："无所以"的省略。

②知言：善于分析别人的言语，辨别其是非善恶。

孔子说："不懂得天命，就没有可能成为君子，不懂得礼，就没有办法宣身处世，不知道分辨别人的言语，便不能了解别人。"

【品读】

这是《论语》最后一章，孔子再次向君子提出了立身处事的三点要求，即"知命""知礼""知言"，表明孔子对于塑造具有理想人格的君子有高度期待，他希望有合格的君子来齐家治国平天下。

【原典】

　　子游曰："吾友张也为难能也，然而未仁。"

——《论语·子张》

【释文】

　　子游说："我的朋友子张是难能可贵的了，然而还没有达到仁的境界。"

【品读】

　　子游和子张同学于孔子，子游称子张为"吾友"，可见二人关系不错。这段文字是子游对子张的评价，子游认为子张在各方面都非常了不起，能做到这个程度的确算是难能可贵，但是还是没有达到仁的境界。子张在孔子的弟子中也算是才能出众的一个，《论语》中曾多次记载他向孔子请教问题的场景，但是子游并没有因此而随声附和地夸赞子张，他对子张的评价，是以批评为主的，认为子张在道德上做得并不够，还需要继续努力。

【原典】

曾子曰："堂堂乎张也，难与并为仁矣。"

——《论语·子张》

【释文】

曾子说："仪表堂堂的子张啊，很难和他一起做到仁。"

【品读】

一个人固然要重视外在表现，但与之相比，内在修养更重要，仁德的形成主要靠的就是内在修养。任何一个人都由内在和外在两部分构成，内在就是心灵上的东西，比较深刻；外在就是眼睛能看到的外部表现，比较浅显。一个人长相漂亮，衣着得体，无疑会在给他人留下好印象，因而重视外在不应该就一定受到批判。但是我们知道，内在修养是根本，它决定着一个人的外在表现。没有内在修养做基础，本质的鄙陋之处很快就会表现出来，就算刻意让自己表现得很得体，也不过是推迟一段时间暴露罢了。如果内在修养很好，又有着漂亮的外表、得体的衣着，势必会给他人留下好印象。即便是无法为自己选择美貌或昂贵的衣饰，但良好的内在修养会让整个人都熠熠生辉，释放出最自然的魅力。

【原典】

孔子曰："见善如不及，见不善如探汤。吾见其人矣，吾闻其语矣。隐居以求其志，行义以达其道。吾闻其语矣，未见其人也。"

——《论语·季氏》

【释文】

孔子说："见到善的行为，就像怕赶不上似的去努力追求；看见不善的行为，就像手伸进了沸水中那样赶快避开。我看见过这样的人，也听到过这样的话语。隐居起来以求保全自己的志向，按照义的原则行事以贯彻自己的主张。我听到过这样的话语，却没见过这样的人。"

【品读】

孔子认为进行道德修养，态度非常重要。具体说来，主动修德与被动进步是不一样的。前者是真正认识到了修德的重要性，发自内心地渴望提高自己的道德修养，没有什么功利性的目的，因而行善修德非常自觉。

【原典】

子曰:"君子不以言举人,不以人废言。"

——《论语·卫灵公》

【释文】

孔子说:"君子不因为一个人的言语(说得好)而推举他,也不因为一个人有缺点而废弃他好的言论。"

【品读】

孔子论述的待人处世之道是非常有道理的。推举人要重实绩,不能一概而论、以偏概全,不能使工于言辞却无实行的巧言者得幸当道,也不能因为那人有了缺点就废弃了他有益的建言。

子曰："君子义以为质，礼以行之，孙以出之，信以成之。君子哉！"

——《论语·卫灵公》

【释文】

孔子说："君子把义作为本，依照礼来实行，用谦逊的言语来表述，用诚信的态度来完成它。这样做才是君子啊！"

【品读】

这一章孔子提出了君子的四条行为准则。以道义作为修身的本质，并以礼制作为载体来运行，通过谦逊来表达，通过诚信来圆满地完成。

【原典】

子曰："躬自厚而薄责于人，则远怨矣。"

——《论语·卫灵公》

【释文】

孔子说："严厉地责备自己而宽容地对待别人，就可以远离别人的怨恨了。"

【品读】

责己严、待人宽，是维持良好的人际关系的重要方法。他的重要性显而易见，但是大多数人都做不到，很多情况下，还反其道而行之，觉得自己做什么都是可以理解的，而别人的做法统统都是有毛病的。究其原因是人们的虚荣心在作祟，人人都爱面子，都想让自己永远都是正确的，但是人非圣贤，孰能无过，既然不能不犯错，那就只好让尽量少的人知道自己的行为失误。因此，很多人犯了错，不管别人原谅不原谅，自己先原谅自己，为自己找托词，先把责任推干净。另外，这类人还常常通过苛责别人抬高自己。把别人说得一无是处，即便自己也不高明，但也被那些被自己贬得"更不高明"的人衬托得高明起来了，这就满足了他的虚荣心。

【原典】

　　在陈绝粮，从者病，莫能兴。子路愠见，曰："君子亦有穷乎？"子曰："君子固穷，小人穷斯滥矣。"

　　　　　　　　　　　　　　　　　——《论语·卫灵公》

【释文】

　　孔子在陈国断绝了粮食，跟从的人都饿病了，躺着不能起来。子路生气地来见孔子说："君子也有困窘没有办法的时候吗？"孔子说："君子在困窘时还能固守正道，小人一困窘就会胡作非为。"

【品读】

　　这是孔子告诉人们怎样渡过困难的一段名言。人生总难免有窘困的时候，面对困窘的境遇，孔子认为重要的是要坚持理想和操守。子路的愤怒并非没有道理，自己一心秉持德行和操守，却陷入窘困的境地，无所通达，而作恶多端的人反而过着锦衣玉食的优裕生活，故开始质疑自己一直所坚守的信念。孔子回答他说，君子固然也有困窘的时候，但还是能以道自处，不同于小人一到窘困之时就乱了心性，胡作非为。

【原典】

　　子曰："君子耻其言而①过其行。"

——《论语·宪问》

【释文】

　　①而：用法同"之"。

　　孔子说："君子把说得多做得少视为可耻。"

【品读】

　　以言行一致为美德，以言过其行为可耻，这是孔子一贯提倡的做人准则。要么不说，要么说出就一定要做到。如果言之凿凿，却不能付诸实践，徒有华丽的言辞，那也只是假道学罢了。君子是行动胜过言语的。

【原典】

　　子曰："君子不重①则不威；学则不固。主忠信②。无③友不如己④者；过⑤，则勿惮（dàn）⑥改。"

——《论语·学而》

【释文】

　　①重：庄重、自持。

　　②主忠信：以忠信为主。

　　③无：通毋，不要之意。

　　④不如己：指道德品质不同于己者。

　　⑤过：过错、过失。

　　⑥惮：害怕、畏惧。

　　孔子说："君子不庄重就没有威严；学习可以使人不闭塞；要以忠信为主，不要同与自己不同道的人交朋友；有了过错，就不要怕改正。"

【品读】

　　这里，孔子提出了君子应当庄重大方，才能具有人格的威严，庄重而威严才能认真学习而所学牢固。君子还要慎重交友，还要有过则勿惮改的对待错误和过失的正确态度。这一思想把君子从内到外的修养联系起来，对世人的内外在修养具有重要指导意义。

【原典】

子曰："君子欲讷（nè）^①于言而敏^②于行。"

——《论语·里仁》

【释文】

①讷：语言迟钝。

②敏：敏捷、快速。

孔子说："君子说话要谨慎，而行动要敏捷。"

【品读】

这句话告诉我们说话要慢慢说，要三思而后说，不要口不遮拦，信口开河；办事情一定要积极敏捷、果敢决断、雷厉风行，不要拖泥带水。不然言多必失，祸从口出，却不知所以然，岂不误了大事；而做事优柔寡断，机会必将贻误殆尽。

我们看到周围的人，很多时候说的比做的多，实际动手能力和操作能力都比较差，这是孔子所不提倡的。如果自己没有信心做到，那么宁愿不要说出口。真是做不到而说出口，是令人感到羞耻的事情。大家一定要说到做到啊！

【原典】

子曰:"贤哉回也,一箪(dān)①食,一瓢饮,在陋巷②,人不堪其忧,回也不改其乐③。贤哉回也。"

——《论语·雍也》

【释文】

①箪:盛饭的竹器。

②巷:此处指颜回住处。

③乐:乐于学。

孔子说:"颜回是多么有修养啊!一箪饭,一瓢水,住在简陋的小屋里,别人都忍受不了这种穷困清苦,颜回却没有改变他好学的乐趣。颜回是多么有修养啊!"

【品读】

孔子又一次称赞颜回,对他作了高度评价。这里讲颜回"不改其乐",这也就是贫贱不能移的精神,这里包含了一个具有普遍意义的道理,即人总是要有一点精神的,为了自己的理想,就要不断追求,即使生活清苦困顿也自得其乐。

【原典】

亡而为有，虚而为盈，约①而为泰②，难乎有恒矣。

——《论语·述而》

【释文】

①约：穷困。

②泰：奢侈。

本来没有却作装有，本来空虚却装作充实，本来穷困却装作富足，这样的人是很难保持坚定的节操的。

【品读】

这一章表明了孔子对当时现实的感叹。对于春秋末期"礼崩乐坏"的社会状况，孔子认为在此社会背景下，难以找到他理想中的"圣人""善人"，而那些以无作有、空虚却假装充实、贫困却冒充富裕的人却比比皆是，在这样的情况下，能看到"君子""有恒者"就心满意足了。

【原典】

季康子问政于孔子。孔子对曰："政者正也。子帅以正，孰敢不正？"

——《论语·颜渊》

【释文】

季康子向孔子询问为政方面的事，孔子回答说："'政'的意思就是端正，您自己先做到端正，谁还敢不端正？"

【品读】

"君子"在最初既非"道德之称"，更不是"天子至民"的"通称"，而是贵族在位者的专称。下层庶民纵有道德也不配称为"君子"，因为他们另有"小人"的专名。"君子"之逐渐从身份地位的概念取得道德品质的内涵自然是一个长期演变的过程。这个过程大概在孔子以前早已开始，但却完成在孔子的手里。《论语》一书关于"君子"的种种讨论显然偏重在道德品质一方面。

第四篇章 责任担当

【原典】

有子曰："其为人也孝弟而好犯上者，鲜矣；不好犯上而好作乱者，未之有也。君子务本，本立而道生。孝弟①也者，其为仁之本与②！"

——《论语·学而》

【释文】

①弟（tì）：同"悌"、敬爱兄长。

②与：即"欤"字，表示疑问的助词。《论语》中的"欤"字皆作"与"。

有子说："那种孝顺父母、敬爱兄长的人，却喜欢触犯上级，是很少见的；不喜欢触犯上级却喜欢造反的人，更是从来没有的。有德行的人总是力求抓住这个根本。根本建立了便产生了仁道。孝敬父母、敬爱兄长，大概便是仁道的根本吧！"

【品读】

在孔子的学说里，"仁"是核心思想和终极的追求，其核心要义是"仁者爱人"。而要得到这个"仁"。达到"仁"的境界，不仅需要内心的体验，更需要投身现实。当然，不论是思想还是在行动，都必须有个出发点，而有子的这段话，则明确指出，求"仁"应该从孝悌做起。换句话说，就是从孝悌这个根本点出发，推而广之，就能成为仁人君子。

【原典】

子夏曰：贤贤易①色；事父母，能竭其力；事君，能致其身②；与朋友交，言而有信。虽曰未学，吾必谓之学矣。

——《论语·学而》

【释文】

①贤贤：第一个"贤"字作动词用，尊重的意思。贤贤即尊重贤者。易：有两种解释，一是改变的意思；二是轻视的意思，即尊重贤者而看轻女色。

②致其身：致，意为"奉献""尽力"。尽忠的意思。

子夏说：一个人能够尊重贤者而看轻女色；侍奉父母，能够竭尽全力；服侍君主，能够献出自己的生命；同朋友交往，说话诚实、恪守信用"这样的人，即使他自己说没有学过什么，我也一定要说他已经学习过了"。

【品读】

子夏的这几句话意在重申孔子的观点：修德必须重视实践。在他看来，德行本身就是一种实践，只有通过不断地实践，才能摸索出真正的学问，这与掌握了多少文化知识并无太大的关联。并且，他还给我们指出，只要能在实践中做到"德""孝""忠""信"等，就能成为一个有道德的人。即便那个人没有学过多少知识，依然能够受到人们的尊敬。因为，德行远比学识重要。

【原典】

曾子曰："慎终追远^①，民德归厚^②矣。"

——《论语·学而》

【释文】

①慎终：指对父母之丧要尽其哀。追远：指祭祀祖先要致其敬。

②民德：指民心，民风。厚：朴实，淳厚。民德归厚，指民心归向淳厚。

曾子说："谨慎地对待父母的丧事，恭敬地祭祀远代祖先，就能使民心归向淳厚了。"

【品读】

儒家非常重视丧祭之礼，他们把祭祀之礼看作一个人孝道的继续和表现，认为通过祭祀之礼，可以培养个人对父母和先祖尽孝的情感。儒家重视孝的道德，是因为孝是忠的基础，一个不能对父母尽孝的人，是不可能为国尽忠的。所以忠是孝的延伸和外化。只要做到忠与孝，社会与家庭就可以得到安定。孔子并不相信鬼神的存在，他说"敬鬼神而远之"，就证明了这一点。他没有提到过人死之后是否有灵魂存在的问题，而是通过祭祀亡灵，来实行教化，希望把人们塑造成有教养的忠孝两全的君子。

　　子贡曰："贫而无谄，富而无骄，何如？"子曰："可也。未若贫而乐、富而好礼者也。"子贡曰："《诗》云'如切如磋，如琢如磨①'，其斯之谓与？"子曰："赐②也，始可与言《诗》已矣，告诸往而知来者。"

　　　　　　　　　　　　　　　　　　——《论语·学而》

【释文】

　　①如切如磋，如琢如磨：出自《诗经·卫风·淇奥》。意思是：好比加工象牙，切了还得磋，使其更加光滑；好比加工玉石，琢了还要磨，使其更加细腻。

　　②赐：子贡的名。孔子对学生一般都称名。

　　子贡说："贫穷却不巴结奉承，富贵却不骄傲自大，怎么样？"孔子说："可以了，但还是不如虽贫穷却乐于道，虽富贵却谦虚好礼。"子贡说："《诗经》上说：要像骨、角、象牙、玉石等的加工一样，先开料，再粗锉，细刻，然宧磨光后那就是这样的意思吧？"孔子说："赐呀，现在可以同你讨论《诗经》了。告诉你以往的事，你能因此而知道未来的事。"

【品读】

　　孔子希望他的弟子以及所有人，都能够达到贫而乐道、富而好礼的境界，因而在平时对弟子的教育中，就把这样的思想讲授给学生。贫而乐道，富而好礼，这样，个人可以得到最大限度的发展，社会上无论贫或富也都能做到各安其位，便可以保持社会的安定了。孔子还赞扬了子贡"举一反三"地灵活运用知识的能力。

【原典】

子曰："君子不器。"

——《论语·为政》

【释文】

孔子说："君子不能像器皿一样（只有一种用途）。"

【品读】

君子在这个世界上不是作为一个只有一种功用的器具而存在的，而是要不拘泥于人与事的，要有容纳百川的大胸襟、大气度，善于发现他人之善而加以吸取借鉴，善于反省自己而能加以变通，这就是孔子的"不器"思想。器具终究有所局限，不能通达，一个人如果像只器具，就会心胸褊狭行动局促，难以通达天下。所以君子求学，不以一器为自己画地为牢，而是要博学多闻，具备浩然的大丈夫胸襟。

【原典】

　　子曰："君子周^①而不比^②，小人比而不周。"

——《论语·为政》

【释文】

　　①周：团结多数人。

　　②比：勾结。

【品读】

　　孔子说："德行高尚的人以正道广泛交友但不互相勾结，品格卑下的人互相勾结却不顾道义"。

【原典】

季康子①问："使民敬、忠以②劝，如之何？"子曰："临之以庄，则敬；孝慈，则忠；举善而教不能，则劝。"

——《论语·为政》

【释文】

①季康子：鲁大夫季桓子之子，鲁国正卿，"康"是谥号。

②以：通"与"，可译为"和"。

季康子问："要使百姓恭敬、忠诚并互相勉励，该怎么做？"孔子说："如果你用庄重的态度对待他们，他们就会恭敬；如果你能孝顺父母、爱护幼小，他们就会忠诚；如果你能任用贤能之士，教育能力低下的人，他们就会互相勉励。"

【品读】

其实，孔子的这番言论，若是放到现代企业的管理中照样适用。比方说，现在许多公司的领导者都希望下属们有凝聚力，忠于公司，还能吃苦；希望下属们对自己恭敬，做到爱岗敬业，努力干好本职工作。但是，身为公司领导，你把下属当回事了吗？你对下属敬重吗？你是否让下属在工作中看到了自身的价值，感受到工作的自豪和归属感了吗？倘若这些你都做到了，那么，你所希望的一切都能实现。

【原典】

林放问礼之本。子曰:"大哉问! 礼,与其奢也,宁俭;丧,与其易也,宁戚。"

——《论语·八佾》

【释文】

林放问礼的根本。孔子说:"你的问题意义重大啊! 礼,与其求形式上的豪华,不如俭朴一些好;治丧,与其在仪式上面面俱到,不如内心真正悲痛。"

【品读】

孔子在这里阐述了"礼"的真义:"礼"是以真诚的情感为基础的,而不是虚文浮饰的事物。林放问礼之本,孔子在这里没有正面回答他的问题。但仔细一想,孔子明确说明了礼之根本的问题不在形式而在内心。不能只停留在表面仪式上,真实、真诚、真心才是礼的根本。

【原典】

子曰："朝闻道，夕死可矣。"

——《论语·里仁》

【释文】

孔子说："早晨能够得知真理，即使当晚死去，也没有遗憾。"

【品读】

这一段话在后世常常被追求真理的人所引用。真理，是每个仁人志士矢志不渝的追求目标，哪怕要付出生命的代价。人类之所以有别于动物，在于人类能认识世界，能掌握自然规律，并能利用掌握的规律为人类的生产生活服务，所以"闻道"很重要。领悟了生活的真谛、宇宙中的真理，纵然朝闻夕死，亦会觉得心满意足，不虚此生，否则纵然高寿八百年，不得闻道，亦枉然为人。

【原典】

子曰："士志于道，而耻恶衣恶食者，未足与议也。"

——《论语·里仁》

【释文】

孔子说："读书人立志于追求真理，但又以穿破衣、吃粗糙的饭食为耻，这种人就不值得和他谈论真理了。"

【品读】

人之所以贪图物质享受，因为心中缺乏真正信仰，缺乏坚定价值观，也就是缺少"求道求仁"的理想。这样的人，终会在不断升级的享受中让自己的生活变得越来越糜烂。甚至有人还会为了得到更高层次的物质享受，不顾廉耻，卑躬屈膝地去钻营。相反，那些把"道"作为自己坚定信念的人，因为矢志不渝地追求仁德，就不会在意衣食方面的浅薄享受，而是淡泊名利，进德修身。

子曰："不患无位，患所以立。不患莫己知，求为可知也。"

——《论语·里仁》

【释文】

孔子说："不愁没有职位，只愁没有足以胜任职务的本领。不愁没人知道自己，应该追求能使别人知道自己的本领。"

【品读】

许多人总是感叹自己怀才不遇，事实真的如此吗？很多时候，人总是高估自己，觉得自己是千里马，可是世间却缺少伯乐。但事实并非如此，人往往处在自己不称职的地位。所以，孔子告诫我们，不要担心没职位、没地位，应该担心自己是否有担当这个职位的德行和能力。如果你有足够的修养和才能，自然会有人抬举你、重用你。如果没这个德行和能力，把你放到那个职位上，结果是对谁都不利。

【原典】

子曰："参乎！吾道一以贯①之。"曾子曰："唯。"子出。门人问曰："何谓也？"曾子曰："夫子之道，忠恕②而已矣。"

——《论语·里仁》

【释文】

①贯：贯穿，贯通。如以绳穿物。

②忠恕：据朱熹注，尽己之心以待人叫作"忠"，推己及人叫作"恕"。

孔子说："曾参呀！我的学说可以用一个根本的原则贯通起来。"曾参答道："是的。"孔子走出去以后，其他学生问道："这是什么意思？"曾参说："夫子的学说只不过是忠和恕罢了。"

【品读】

在孔子的思想体系中，忠恕之道占有极为重要的地位，是"仁"在现实社会生活中的实际运用，儒家为人处世的基本原则，强调的是个人对人对己的根本道理。在本章中，曾子将孔子的仁学思想归结为忠恕之道，其本身就有着深远的意义。他不仅指明了人与人之间相处时的基本道德准则，也为促进社会的和谐发展起到了积极意义。可以说，行忠恕之道就是行仁道。

【原典】

子谓子夏曰:"汝为君子儒,毋为小人儒。"

——《论语·雍也》

【释文】

孔子对子夏说:"你要做个君子式的儒者,不要做小人式的儒者。"

【品读】

孔子在本中提到了"君子儒"与"小人儒"。按照朱熹的解释,"儒,学者之称"。所谓学者,也就是有点学问的人,或者说聪明的人。一个聪明的人若是将自己的智慧用在正当的地方,那他就是"君子儒";若是他将自己的智慧用在不当的地方,那他就是"小人儒"。做君子儒是孔子对子夏的教导,也是我们在生活和工作中应当遵循的处世原则。

【原典】

　　子曰："人之生也直，罔①之生也幸而免。"

——《论语·雍也》

【释文】

　　①罔：诬罔不直的人。

　　孔子说："人凭着正直生存在世上，不正直的人也能生存，那是靠侥幸避免了祸害啊。"

【品读】

　　做人就要做个正直的人，这是人们最基本的品质，也是孔子最为崇尚的道德修养之一，历来为人们所称道和赞誉。一个人只有具备了正直的品德，才会严格要求自己，不谋私利，不刻意隐瞒自己的观点，更不会偷奸耍滑，故意阿谀奉承他人。这种人在处理事情的时候，敢于主持公道，伸张正义，不怕别人的打击报复，他们是在堂堂正正地做人。

子曰："君子博学于文，约之以礼，亦可以弗畔^①矣夫^②！"

——《论语·雍也》

【释文】

①畔：通"叛"。

②矣夫：语气词，表示较强烈的感叹。

孔子说："君子广泛地学习文化知识，再用礼来加以约束，这样也就不会离经叛道了。"

【品读】

孔子认为应当广泛地学习古代典籍，而且要用"礼"来约束自己。说到底，他是要培养懂得"礼"的君子。后来孟子亦说过："动容周旋中礼者，盛德之至也。"

【原典】

　　子贡曰："如有博施于民而能济众，何如？可谓仁乎？"
子曰："何事于仁！必也圣乎！尧舜其犹病诸！夫仁者，己欲
立而立人，己欲达而达人。能近取譬，可谓仁之方也已。"

——《论语·雍也》

【释文】

　　子贡说："如果一个人能广泛地给民众以好处，而且能够
帮助众人生活得很好，这人怎么样？可以说他有仁德了吗？"
孔子说："哪里仅仅是仁德呢，那一定是圣德了！尧和舜大概
都难以做到！一个有仁德的人，自己想树立的，同时也帮助
别人树立；自己要事事通达顺畅，同时也使别人事事通达顺
畅。凡事能够推己及人，可以说是实行仁道的方法了。"

【品读】

　　若想实现博施济众的理想，首先应该成为一个"仁
者"，而仁者的标准是"己欲立而立人，己欲达而达人"。
这个标准很高，要求一个人具有卓越的才能去"立"别人，
并且有愿意"立人"的高尚品格，"己欲达而达人"也是
如此。能做到这一点，便是仁者。仁者再进一步，就是追
求博施济众的圣境。将"己欲立而立人，己欲达而达人"
的做法推己及人，在普天之下推行仁义，就有可能实现博
施济众的终极目的。

【原典】

子曰："默而识①之，学而不厌，诲人不倦，何有于我哉？"

——《论语·述而》

【释文】

①识（zhì）：通"志"，记住。

孔子说："把所见所闻默默地记在心上，努力学习而从不满足，教导别人而不知疲倦，这些事我做到了多少呢？"

【品读】

默而识之，与其说是学习的方法，毋宁说是严谨的态度，对所学所历，需要的是一种默然的宁静，而非哗众取宠；学而不厌是自然的事情，一旦感到学习的乐趣，一旦由学习而打开自己的五彩缤纷的世界，必然乐在其中，岂会生厌？至于诲人不倦，对老师来说是箴言，这样的态度令人感动，坚忍不拔地教诲别人。多么好的老师啊，哪里再去找这样的大智大贤之人？

【原典】

子曰："饭^①疏食，饮水，曲肱^②而枕之，乐亦在其中矣。不义而富且贵，于我如浮云。"

——《论语·述而》

【释文】

①饭：吃。名词用作动词。

②肱（gōng）：胳膊。

孔子说："吃粗粮，喝清水，弯起胳膊当枕头，这其中也有着乐趣。而通过干不正当的事得来的富贵，对于我来说就像浮云一般。"

【品读】

孔子表明的是自己对于人生快乐的理解，再次申明了自己坚持以仁义为主体的理想。孔子提倡"安贫"，是为了"乐道"，认为"饭疏食，饮水，曲肱而枕之"的生活对于有理想的人来讲，可以说是乐在其中的。同时，他还提出，不义的富贵荣华，如天上的浮云一般，自己是不会追求的。

【原典】

曾子曰："士不可以不弘毅^①，任重而道远。仁以为己任，不亦重乎？死而后已，不亦远乎？"

——《论语·泰伯》

【释文】

①弘毅：弘大刚毅。

曾子说："士人不可以不弘大刚毅，因为他肩负的任务重大而路程遥远。把实现仁德作为自己的任务，难道不是重大吗？到死方才停止下来，难道不是遥远吗？"

【品读】

曾子所述之士的品格，正是中国屹立于世界根基所在。尽管曾子已经故去了二千多年，但后世却有无数的仁人志士继承了这种精神，以天下为己任。为了这份坚定的信念，他们宁愿栉风沐雨，就算是为此而付出生命也在所不惜。这种精神，已经融入炎黄子孙的血脉里，成为中华民族奋发向上的不竭动力。

【原典】

子曰："恭而无礼则劳，慎而无礼则葸①，勇而无礼则乱，直而无礼则绞②。君子笃③于亲，则民兴于仁，故旧不遗，则民不偷。"

——《论语·泰伯》

【释文】

①葸（xǐ）：拘谨、畏惧的样子。

②绞：说话尖刻，出口伤人。

③笃：厚待，真诚。

孔子说："一味恭敬而不知礼，就未免会劳倦疲乏；只知谨慎小心，却不知礼，便会胆怯多惧；只是勇猛，却不知礼，就会莽撞作乱；心直口快却不知礼，便会尖利刻薄。君子能用深厚的感情对待自己的亲族，民众中则会兴起仁德的风气；君子不遗忘背弃他的故交旧朋，那民众便不会对人冷淡漠然了。"

【品读】

凡事过犹不及，孔子重视适度合宜，讲究尺度，人情味和理性要完美结合。恭敬、谨慎、勇敢、直率，都是很好的德行，但这些德目的实践要符合中庸的准则，它们之间互相联系，互相补充。孔子认为，做到了礼，社会就会兴起仁德的风气，人与人之间便不会冷漠淡然了。

【原典】

物格而后知至；知至而后意诚；意诚而后心正；心正而后身修；身修而后家齐；家齐而后国治；国治而后天下平。

——《礼记·大学》

【释文】

能够革除内心的私欲，就能够觉悟宇宙人生的真相；知道宇宙宇宙人生的真相，（万物皆是我自性所现）就能够对一切人、事、物保持真诚恭敬；能够对一切事物保持真诚恭敬，我们的心念就能够端正；我们的心念端正了，就能够修好己身；己身修好了，家自然就能够整治好；把家整治好了，就能够把国治理好；把国治理好了，国泰民安之后天下也就太平了。

【品读】

要想人生有所作为，就要树立正确的目标，就像建造一座房子，首先要绘好蓝图，之后再去增砖补瓦；另外，如果连最基本的根基都没有打好，纵使有再美好的理想都是空谈。先贤们的做法做到了"知所先后"，值得后人学习借鉴。

【原典】

为人君，止于仁；为人臣，止于敬；为人子，止于孝；为人父，止于慈；与国人交，止于信。

——《礼记·大学》

【释文】

做国君时，一心做到仁爱；做臣子时，一心做到庄敬；做子女时，一心做到孝顺；做父母时，一心做到慈爱；与他人交往，一心做到信实。

【品读】

孔子说：于止，知其所止。该停，就知道在哪里停。落在儒家的君臣、父子、国人三重关系的处理，做到君仁、臣敬、子孝、父慈、国人信，这就是"止于至善"。可见，为人君，止于仁；为人臣，止于敬；为人子，止于孝；为人父，止于慈；与国人交，止于信。社会对至善的具体体现拥有着五个方面的道德规范！

【原典】

是故君子有诸己而后求诸人，无诸己而后非诸人。所藏乎身不恕，而能喻诸人者，未之有也。故治国在齐其家。

——《礼记·大学》

【释文】

所以君子总是自己先做到了，然后才去教导别人；先克服掉自身的毛病，然后才去帮助别人改正错误。本身所怀藏的就缺少恕道，而却要求别人行恕道，这是从来没有过的事啊！所以说要把国家治理好，首先在于把家整治好。

【品读】

君子总是先要求自己，然后才要求别人。应该先去掉自身的恶习，然后才能去批评别人。如果本身藏有这种不合恕道的品性，却去开导别人明白善恶的道理，那是不可能办到的事情。

【原典】

所谓平天下在治其国者，上老老而民兴孝；上长长而民兴悌^①；上恤孤而民不倍；是以君子有絜矩^②之道也。

——《礼记·大学》

【释文】

①悌：尊敬兄长。通行本作"弟"。

②絜矩：絜，犹结也；矩，法也。

所谓平天下在于治国的意思，是说在上位的人能尊敬老年人，那么百姓的孝敬之风就能兴起；在上位的人能敬事长者，那么百姓的友悌之风就能兴起；在上位的人能体恤孤苦无依的人，那么百姓之间就不会相互背弃。所以，有德行的君子总是施行推己及人、恕己接物的"絜矩之道"。

【品读】

"絜矩之道"四个字的本质，用孔子的话讲，就是己所不欲，勿施于人。

【原典】

所恶于上，毋以使下；所恶于下，毋以事上；所恶于前，毋以先后；所恶于后，毋以从前；所恶于右，毋以交左；所恶于左，毋以交于右，此之谓絜矩之道。

——《礼记·大学》

【释文】

不喜欢上司对自己的一些做法，就不要这样去对待下属；不喜欢下属的一些行为表现，自己就不要以同样的方式来应付上级；不满意前人做过的事，自己就不要接着去做，以免贻患后人；不愿意后面的人怎样对待自己，自己也就不要这样去对待前面的人；不喜欢右边人的作为，就不要用这种行为对待左边的人；不喜欢左边人的作为，就不要用这种行为对待右边的人。这就是推己及人、恕己接物的"絜矩之道"。

【品读】

君子应该遵守的絜矩之道，首先是中正的、平衡的。也就是说，自己居于中间，对上对下、对前对后、对左和对右，法则都是一样的，没有明显的分别心。自己居上位的时候，会想到自己也会处下，既能关注自己，又能在乎他人的关切。

【原典】

　　"故君子和而不流，强哉矫！中立而不倚，强哉矫！国有道，不变塞焉，强哉矫！国无道，至死不变，强哉矫！"

——《中庸》

【释文】

　　"所以，品德高尚的人和顺而不随波逐流，这才是真正的坚强啊！保持中立，不偏不倚，这才是真正的坚强啊！国家政治清明时，不改变自己穷困潦倒时的政治志向，这才是真正的坚强啊！国家政治黑暗时，至死不改变自己平生的道德节操，这才是真正的坚强啊！"

【品读】

　　孔子认为做到四点就算是坚强了：待人和气而不迁就别人；保持中立而不偏不倚；国家政治清明时不改变自己穷困时的志向；国家政治黑暗时至死不改变自己的节操。

【原典】

君子之道费而隐。夫妇之愚，可以与知焉，及其至也，虽圣人亦有所不知焉。夫妇之不肖，可以能行焉，及其至也，虽圣人亦有所不能焉。

——《中庸》

【释文】

君子的道广大而又精微。普通男女虽然愚昧，也可以知道君子的道，但道的最高深境界，即使是圣人也有弄不清楚的地方。普通男女虽然不贤明，也可以实行君子的道，但道的最高深境界，即使是圣人也有做不到的地方。

【品读】

我们能看到的风景是由我们所处的高度决定，低处有低处的风景，高处有高处的风景。道对每一个人都是公平的，它不会嫌贫爱富，它就在我们每一个人的身边，从究竟处说它就在我们每一个人的自性里，它是我们自性的自然流露。

【原典】

君子之道，造端乎夫妇，及其至也，察乎天地。

——《中庸》

【释文】

君子的道，开始于普通男女的浅显知识，到了它的最高深的境界，就可以天上地下发扬光大了。

【品读】

中庸之道的形式是多种多样的，存在于任何时间、任何地点。无论你是普通人，还是圣人君子，都可以去追求你心中的中庸之道。

【原典】

　　君子之道，辟如行远必自迩，辟如登高必自卑。《诗》曰："妻子好合，如鼓瑟琴。兄弟既翕，和乐且耽。宜尔室家，乐尔妻帑。"子曰："父母其顺矣乎！"

　　　　　　　　　　　　　　　　　　　　——《中庸》

【释文】

　　君子实行中庸之道，就像走远路一样，必定要从近处出发；就像登高山一样，必定要从低处起步。《诗经》说："妻子儿女感情和睦，就像琴瑟一样弹奏出和谐的乐曲。兄弟关系融洽，和顺又快乐。你的家庭美满，妻儿都幸福愉悦。"孔子赞叹说："这样，父母也就称心如意了啊！"

【品读】

　　俗话说得好："千里之行，始于足下。"中庸之道也一样，要从一点一滴开始做起，从自身做起，从家庭做起。

【原典】

故为政在人，取人以身，修身以道，修道以仁。

——《中庸》

【释文】

要得到贤臣的辅助就要修养自身品德，修养自身品德就要遵循大道，遵循大道就要从仁爱做起。

【品读】

修身的基本原则是"仁"，而"仁"就是我们大家相亲相爱。

【原典】

凡事豫则立，不豫则废。言前定则不跲，事前定则不困，行前定则不疚，道前定则不穷。

——《中庸》

【释文】

任何事情，事先有准备就会成功，事先没准备就会失败。说话先有准备，就不会说不下去；做事先有准备，就不会遭受挫折；行动先有准备，就不会出问题；实行中庸之道先有准备，就不会陷入绝境。

【品读】

这里告诉我们一个道理，无论做什么事情，要想成功，必须事先有准备。无论是日常的学习，还是组织某个活动，甚至仅仅是说一段话，都要事先准备好，这样中途才不会发生困难，即使万一遇到了困难，也能很好地解决。如果做事情之前，不准备好，那么成功的可能性就很小。

【原典】

　　博学之，审问之，慎思之，明辨之，笃行之。有弗学，学之弗能，弗措也；有弗问，问之弗知，弗措也；有弗思，思之弗得，弗措也；有弗辨，辨之弗明，弗措也；有弗行，行之弗笃，弗措也。人一能之，己百之；人十能之，己千之。果能此道矣，虽愚必明，虽柔必强。

——《中庸》

【释文】

　　广泛学习，详细询问，慎重思考，清晰辨别，坚定执行。要么不学习，学了没有学会就绝不罢休；要么不问，问了还不明白就绝不罢休；要么不想，想了没有想通就绝不罢休；要么不辨别，辨别了没有明确就绝不罢休；要么不实行，实行了没有切实做到就绝不罢休。别人用一倍工夫能做到的，我用百倍的工夫去做：别人用十倍工夫能做的，我用千倍的工夫去做。果真能够这样，那么愚笨的人也一定可以变得聪明起来，柔弱的人也一定可以变得刚强起来。

【品读】

　　可以想一想，在我们日常生活中，这些道理是不是也非常实用呢？不达目的不罢休的精神和下苦工夫的精神，哪一个是可以缺少的呢？

【原典】

博厚，所以载物也；高明，所以覆物也；悠久，所以
成物也。博厚配地，高明配天，悠久无疆。

——《中庸》

【释文】

广博深厚，就能承载万物；高大光明，就能覆盖万物；
悠远长久，就能生成万物。广博深厚可以与地相比，高大
光明可以与天相比，悠远长久则是永无止境。

【品读】

个人修到了博厚这种境界，就是任何一件事情、任何
东西加在我们的身上，我们都可以接受，都能承载。

【原典】

唯天下至圣，为能聪明睿知，足以有临也；宽裕温柔，足以有容也；发强刚毅，足以有执也；齐庄中正，足以有敬也；文理密察，足以有别也。

【释文】

只有天下最伟大的圣人，才聪明智慧，能够统治天下；才宽宏大量、温和柔顺，能够包容天下；才奋发勇敢，刚强坚毅，能够决断大事；才威严庄重，忠诚正直，能够博得人们的尊敬；才条理清晰，详辨明察，能够辨别是非和邪正。

【品读】

不要觉得美德只有圣人才配拥有哦，仔细想一想，你是不是具备其中的一些呢？

【原典】

孟子曰："莫非命也，顺受其正；是故知命者不立乎岩墙之下。尽其道而死者，正命也；桎梏死者，非正命也。"

——《孟子·尽心》

【释文】

孟子说："没有什么不取决于命运，但顺理而行，接受的便是正命；所以懂得命运的人不站在有倾覆之危的高墙下面。致力于行其正道而死的人，所受的是正命；作奸犯科而死的人，所受的不是正命。"

【品读】

因好勇、斗狠、赌气而死的，就是非"正命"而死。所以为国家民族而死于战场的，是"正命"，在中国历史上认为，那是为正义而亡。聪明正直者死而为神，这神并不是由什么皇帝封的，而是当时以及后世千秋万代，共同所敬仰的。

【原典】

曰："尊德乐义，则可以嚣嚣矣。故士穷不失义，达不离道。穷不失义，故士得己焉；达不离道，故民不失望焉。"

——《孟子·尽心》

【释文】

答道："崇尚德，迷恋义，就可以悠然自得了。所以，士人不得志时不失掉义，得志之时不离开道。不得志时不失掉义，所以能够葆有本性；得志之时不离开道，所以百姓不致失望。"

【品读】

再说真有德性修养的人，自有高尚品德的自尊心，能"尊德"，所作所为，都能够好善、反省，能"心不负人，面无惭色"，胸襟开朗，对得起天地鬼神。这就是"尊德乐义"，这样才可以"嚣嚣矣"，才可以真的逍遥自在。

【原典】

古之人，得志，泽加于民；不得志，修身见于世。穷则独善其身，达则兼善天下。

——《孟子·尽心》

【释文】

古代的人，得志，恩泽普施于百姓；不得志，修养个人品德而表现于世间。不得志时，便独善其身；得志之时，便兼善天下。

【品读】

"穷不失义，达不离道"。一个真正有学养的人，尽管一辈子不得意，但不离开自己的人生本位，义理所当为则为，就是所谓的"穷不失义"。

【原典】

孟子曰："人之有德慧术知者，恒存乎疢疾。独孤臣孽子，其操心也危，其虑患也深，故达。"

——《孟子·尽心》

【释文】

孟子说："人之所以有道德、智慧、本领、知识，往往是因为他常处于忧患之中。只有孤立之臣、庶孽之子，他们时常警醒自己，深深地担忧祸患，所以才能通达事理。"

【品读】

这里告诉人们一个道理："生于忧患，死于安乐"。生活安逸使人懒惰，接触的事少，经历的场面少，受到的磨练少，所以办事能力差，处事本领弱。反之，历经多种磨难的人，能锤炼生存的本领，智慧、能力、水平都从磨砺中产生。磨难励意志，意志生智慧。磨难不是自找的，但当磨难到来时，要敢于面对，迎难而上，终有所得。

孟子曰："有事君人者，事是君则为容悦者也；有安社稷臣者，以安社稷为悦者也；有天民者，达可行于天下而后行之者也；有大人者，正己而物正者也。"

——《孟子·尽心》

【释文】

孟子说："有侍奉君主的人，就是侍奉某一君主，就曲意逢迎的人；有安定国家之臣，就是以安定国家为乐的人；有天民，就是他的学说方略能通达于天下时，便去实行的人；有大人，那是端正了自己，万事万物也随之端正了的人。"

【品读】

这段讲了四种人，取悦国君的、安定国家的、天民和大人。

取悦逢迎国君的，是最低级的，他只是事奉了国君个人而不是国家。高一点的是社稷之臣，是为了国君。再高一等的叫天民，就是贤人，不拘泥于某一个国家。最高的，叫大人，他只需要自己端正自己，天下万物就随之而端正了。这种影响力极大的人，不一定是地位高、有权势的人，像孔子、孟子就都是这样的大人。

【原典】

孟子曰："君子有三乐，而王天下不与存焉。父母俱存，兄弟无故，一乐也；仰不愧于天，俯不怍于人，二乐也；得天下英才而教育之，三乐也。"

——《孟子·尽心》

【释文】

孟子说："君子有三件乐事，以仁德一统天下还不包括在其中。父母都健在，兄弟无灾殃，是第一件乐事；抬头不愧于天，低头不愧于人，是第二件乐事；得到天下优秀人才而教导他们培育他们，是第三件乐事。"

【品读】

"君子有三乐"说白了就是乐家、乐心、乐教，家庭和谐、内心坦荡、教书育人，才是人生中最值得高兴的事情。

【原典】

孟子曰："君子所性，仁义礼智根于心，其生色也睟①然，见于面，盎于背，施于四体，四体不言而喻。"

——《孟子·尽心》

【释文】

①睟然：清和润泽的样子。

孟子说："君子的本性，仁义礼智根植于他心中，而表现在外的是和气安详，它表现在颜面，反映于肩背，延伸到手足四肢；手足四肢虽不说话，别人也一目了然。"

【品读】

仁者宅心仁厚，为仁无所希求，只求心安理得，不会因为身处贫困而忧心悲戚，也不因为身居富贵而骄奢凌人，有着平和的心态和不易的情操志向，是为安仁。智者有洞明之识见，认识到仁对他有长远的利益而实行仁。

【原典】

孟子曰："好名之人能让千乘之国，苟非其人，箪食豆羹见于色。"

——《孟子·尽心》

【释文】

孟子说："珍惜名誉的人，可以把有千辆兵车国家的君位让给他人；如果不是珍惜名誉的人，即便要他让一筐饭，一碗汤，一张脸也会扯得老长。"

【品读】

观察一个人，不能看他努力想做的事情，而要看他所忽略的事情，这样才能看到一个真实的他。

【原典】

孟子曰："言近而指远者，善言也；守约而施博者，善道也。君子之言也，不下带而道存焉；君子之守，修其身而天下平。人病舍其田而芸人之田——所求于人者重，而所以自任者轻。"

——《孟子·尽心》

【释文】

孟子说："言语浅近，意义却深远的，这是'善言'；操守简单，效果却广大的，这是'善道'。君子的言语，讲的虽是浅近的事情，可是'道'就在其中；君子的操守，从修养自己开始，最终可以使天下太平。做人最怕是放弃自己的田地，而去给别人耘田——要求别人的很重，自己负担的却很轻。"

【品读】

自己没有好好修身养性，偏偏喜欢开口教训别人，而且对别人要求得很严格，对于自己的修为，却马马虎虎。世界上这类人很多，这就是"小有才，未闻君子之大道也"的人。

中华经典名句品读

294

【原典】

孟子曰："仁，人心也；义，人路也。舍其路而弗由，放其心而不知求，哀哉！"

——《孟子·告子》

【释文】

孟子说："仁是人的心，义是人的路。放弃了那条正路不走，丢失了那颗良心而不晓得去追回，真可悲呀！"

【品读】

"放心"即放下，"求其放心"就是求其放下，把一切的恶念、邪念、杂念、妄念放掉，那么正心、正念，自然回来了。

【原典】

孟子曰："故天将降大任于是人也，必先苦其心志，劳其筋骨，饿其体肤，空乏其身行，拂乱其所为，所以动心忍性，曾益其所不能。"

——《孟子·告子》

【释文】

孟子说："当上天将要把大任务降临某人肩上时，必定要让他的内心痛苦，让他的筋骨疲乏，让他的身体饥饿，让他身无长物一贫如洗，总是干扰他的作为使他事事不如意。用这些来磨砺他的心性，坚韧他的意志，增强他的能力。"

【品读】

孟子说明一个道理，也成为现在众所周知的千古名言了。凡是人才，大则对于人类、国家、社会有贡献，小则是一个好的校长、单位主管乃至于家庭中的家长，他们大概的出身、经历，都离不开这个原则。上天要给他担负一个重大责任的话，一定先使他经过一段非常艰难困苦的磨炼。

【原典】

孟子曰:"人恒过,然后能改;困于心,衡于虑,而后作;征于色,发于声,而后喻。入则无法家拂士,出则无敌国外患者,国恒亡。然后知生于忧患而死于安乐也。"

——《孟子·告子》

【释文】

孟子说:"一个人常犯错误,然后才能改正;心中困苦,思虑阻塞,然后才能崛起;(这些困苦思虑)反映在面色上,吐露于倾诉中,才能为他人所理解。(一个国家),内无有法度的大臣和足以辅弼的士人,外无与我抗衡的邻国和外部的忧患,常常容易衰败灭亡。所有这些不难让人知晓,忧愁祸患能够让人生存,而安逸快乐足以导致死亡啊!"

【品读】

能改是一种境界,这种境界是指人的主观世界在客观世界中取得了相对的自由。一生常常会因为主观愿望与客观世界的巨大矛盾,主观学识品行才能与客观处境的矛盾而忧心忡忡,内心充满苦恼压抑与困惑,思虑阻塞不畅。但是人也正是忧患困境中磨练了意志、提高了认识、超越了自我奋发而有所作为。

【原典】

　　孟子曰："自暴者，不可与有言也；自弃者，不可与有为也。言非礼义，谓之自暴也；吾身不能居仁由义，谓之自弃也。仁，人之安宅也；义，人之正路也。旷安宅而弗居，舍正路而不由，哀哉！"

　　　　　　　　　　　　　　　　——《孟子·离娄》

【释文】

　　孟子说："自己摧残自己的人，不能和他讲什么大道理；自己抛弃自己的人，不能和他做什么大事情。开口便非议礼义，这便叫作自己摧残自己；认为自己不能以仁居心，不能践行道义，这便叫作自己抛弃自己。'仁'是人类最安稳的宅子，'义'是人类最正确的道路。空着最安稳的宅子不去住，放弃最正确的道路不去走，可悲呀！"

【品读】

　　孟子言"自暴自弃"，包含两个方面，一是自暴，二是自弃。自暴者根本不分是非，一副我是流氓我怕谁的姿态，不仅不认同仁义之道，反而把为非作歹、为害世人当作自己的权力和荣耀，最终必将成为百姓的公敌，招致天怒人怨。自弃者明白公义和正道，却以种种借口选择邪路。自暴者任性，自弃者对自己不负责任，都是由于贪欲和自私。

【原典】

孟子曰："不仁者可与言哉？安其危而利其灾，乐其所以亡者。不仁而可与言，则何亡国败家之有？"

——《孟子·离娄》

【释文】

孟子说："不仁的人难道可以同他商议吗？见别人有危险，他无动于衷；见别人遭了灾，他趁火打劫；别人亡国败家的惨祸，他把旁观当享受。假如不仁的人还可以同他商议，那世上又如何会有亡国败家的惨祸呢？"

【品读】

明知道是错的，还要去做；明知道是对的，你还不去做。像这样的心态偏激的人，都是一种自身的偏见和错误。甚至是只考虑自己不考虑他人的自私与虚荣行为，殊不知，你在伤害别人的同时，冥冥之中也给自己种下了灾难的隐患，人生是无常的，人心也是无常的，我们时时处处要保持善心善念，以慈悲为怀，谨言慎行，不自作孽，以避祸端！

　　孟子曰："道在迩而求诸远，事在易而求诸难。人人亲其亲，长其长，而天下平。"

　　　　　　　　　　　　　　　　　——《孟子·离娄》

【释文】

　　孟子说："真理在近处却往远处求，事情本容易却往难处做。只要人人都亲爱自己的父母，尊敬自己的长辈，天下就太平了。"

【品读】

　　常记他人之恩，以感恩之心看待周围的人及所处的环境，则人间即是天堂。以忘恩负义之心看待周围的人和事，则人间即是地狱。

【原典】

孟子曰："存乎人者，莫良于眸子。眸子不能掩其恶。胸中正，则眸子瞭焉；胸中不正，则眸子眊[1]焉。听其言也，观其眸子，人焉廋[2]哉？"

——《孟子·离娄》

【释文】

① 眊（mào）：目不明之貌。

② 廋（sōu）：隐匿，躲藏。

孟子说："一个人身上存于内而表现于外的，没有哪一处强过他的眼睛。眼睛不能掩盖一个人丑恶的灵魂。心正，眼睛就明亮；心不正，眼睛就昏暗。听一个人说话的时候，观察他的眼睛，这人的善恶能躲到哪里去呢？"

【品读】

"眼睛是心灵的窗户。"这句名言是意大利文艺复兴时期画家达·芬奇从人物画的角度来说的。而我们看到，早于他一千多年，中国的孟子就已经从识人的角度把这个道理说得非常清楚了。所以，与其察言观色，不如观察他的眼睛。

【原典】

孟子曰："恭者不侮人，俭者不夺人。侮夺人之君，惟恐不顺焉，恶得为恭俭？恭俭岂可以声音笑貌为哉？"

——《孟子·离娄》

【释文】

孟子说："恭敬别人的人不会侮辱别人，节俭的人不会掠夺别人。侮辱人掠夺人的诸侯，生怕别人不顺从自己，又如何能做到恭敬节俭？恭敬和节俭难道可以靠甜言蜜语和笑容可掬装出来吗？"

【品读】

社会行为规范光靠讲是不行的，靠的是每个人的自觉自愿，自我约束。有许多约定俗成的风俗习惯以及一些社会行为规范不是法律法规，别人管不着，国家法律也管不着，因此就要靠自我约束以及自省自悟，自觉遵守。也就是说，只有在行为上做到谦恭而且能自我约束才行，仅仅是巧言令色地在音容笑貌上表现出来，那就不能叫谦恭和能自我约束，只能叫做伪善。

【原典】

孟子曰："有不虞之誉，有求全之毁。"

——《孟子·离娄》

【释文】

孟子说："有意料不到的赞扬，也有过于苛求的诋
毁。"

【品读】

自知之明是一种高尚的品德，同时也是一种处世智慧。
如果你对自己的评价过高，就会陷入自大的泥沼，反之，
将自己看得太低，就会出现自卑心理，这都会影响你的人
际关系，降低你的情商，所以，想要高情商，要先学会有
自知之明。

【原典】

孟子曰："人之易其言也，无责耳矣。"

——《孟子·离娄》

【释文】

孟子说："一个人说话太随便，是因为他不必为此负责罢了。"

【品读】

随意开空头支票的人，是没有责任心、没有信用的人，这样的人会让人不敢与他深交，更不敢与他有生意上的往来。因此《论语》说"言必信""言忠信"，都是说明做人要言出必行，才能让人信任。所以，行事要有口更要有心。

【原典】

孟子曰："仁之实，事亲是也；义之实，从兄是也；智之实，知斯二者弗去是也；礼之实，节文斯二者是也；乐之实，乐斯二者，乐则生矣。"

——《孟子·离娄》

【释文】

孟子说："仁的实质就是侍奉父母；义的实质就是顺从兄长；智的实质就是明白这二者的道理并坚持下去；礼的实质是对这二者加以调节与修饰；乐的实质就是以这二者为乐事，快乐于是就产生了。"

【品读】

让父母安心，才能称之为仁。友爱兄弟姐妹，才可以称之为义。这是社会所有关系的源头。不让爹妈安心的人，在学校，在单位大多不求上进，或者犯上作乱。对兄弟姐妹耿耿于怀、锱铢必较的人，对夫妻，朋友，对同学，对合作伙伴也很难和谐。

【原典】

孟子曰："人有不为也，而后可以有为。"

——《孟子·离娄》

【释文】

孟子说："人要有所不为，才能有所作为。"

【品读】

青年人既能心存敬畏，恪守底线，明白纪律有边界、能力有边界、人生有边界，逐步完成由他律为主向自律为主的转变，又能充分利用人生中这段最有激情、最有活力、也最有创造力的时期，去探究知识、培养能力、塑造人格，主动作为，努力成长为国家和社会未来的栋梁。

【原典】

孟子曰："大人者，言不必信，行不必果，惟义所在。"

——《孟子·离娄》

【释文】

孟子说："有德行的人，说话不一定要句句守信，行为不一定要贯彻始终，只要义之所在，必定全力以赴。"

【品读】

粗略看来，这个和孔子的思想是矛盾的，人怎么可以不讲信用呢？说了的事情，怎么可以不去做呢？实际上只是我们自己的理解出了问题，叫断章取义，忽略了"惟义所在"，所以一句话的意思就全变了。而"夫大人者，言不必信，行不必果，惟义所在"的思想核心恰恰在于"惟义所在"。

【原典】

孟子曰："君子深造之以道，欲其自得之也。自得之，则居之安；居之安，则资之深；资之深，则取之左右逢其原，故君子欲其自得之也。"

——《孟子·离娄》

【释文】

孟子说："君子得到高深的造诣，所依循的正确方法，就是要求他自觉地获得。自觉地获得，就能牢固掌握它；牢固掌握它，就能积蓄很深；积蓄很深，就能左右逢源而取之不尽，所以君子要自觉地获得。"

【品读】

君子想要不断精进，必须要用正确的方法，让自己真正的有所心得。学到心里去了，这才是真正的得。学到心里去，就能够左右逢源，就是真学会了。

【原典】

孟子曰："可以取，可以无取，取伤廉；可以与，可以无与，与伤惠；可以死，可以无死，死伤勇。"

——《孟子·离娄》

【释文】

孟子说："可以拿也可以不拿时，拿了便是对廉洁的伤害；可以给也可以不给时，给了便是对恩惠的滥用；可以死也可以不死时，死了便是对勇德的亵渎。"

【品读】

做什么事都有个度，人们对任何事情都应按照社会认可的仁德去约束自己，否则就会铸成大错。

【原典】

孟子曰："君子所以异于人者，以其存心也。君子以仁存心，以礼存心。仁者爱人，有礼者敬人。爱人者，人恒爱之；敬人者，人恒敬之。有人于此，其待我以横逆，则君子必自反也；我必不仁也，必无礼也，此物奚宜至哉？"

——《孟子·离娄》

【释文】

孟子说："君子和一般人不同的地方，就在于居心不同。君子心里老惦记着仁，老惦记着礼。仁人爱他人，有礼的人尊敬他人。爱他人的人，别人总是爱他；尊敬他人的人，别人总是尊敬他。假如这里有个人，他对待我蛮横无礼，那君子一定反躬自问：我一定不够仁，一定不够有礼，不然，这种态度怎么会来呢？"

【品读】

君子和普通人哪里不一样？普通人心里想的是鸡毛蒜皮的小事，君子心里想的是仁和礼。人际交往的黄金法则是，你想让别人怎么对你，你就先去怎么对别人。所以你希望别人以仁以礼对你，你就去以仁以礼地对待别人。

【原典】

"敢问夫子恶乎长？"曰："我知言，我善养吾浩然之气。""敢问何谓浩然之气？"曰："难言也。其为气也，至大至刚，以直养而无害，则塞于天地之间。其为气也，配义与道；无是，馁也。是集义所生者，非义袭而取之也。行有不慊①于心，则馁矣。"

——《孟子·公孙丑》

【释文】

①慊：同"惬"，音 qiè，满足，畅快。

公孙丑问道："请问，老师擅长哪一方面？"孟子说："我说话得体，还善于培养我的浩然之气。""请问，什么叫作'浩然之气'呢？"孟子说："很难讲清楚。它作为一种气呀，最浩大，最坚强。用正直去培养它，使它不受伤害，就会充溢于天地之间。这种气呀，必须配合辅助道和义；而缺乏它，道和义就没有力量了。这种气是由正义汇聚而产生的，不是由义继承并取代它而产生的。只要做一次于心有愧的事，它就疲软了。"

【品读】

你做一件好事不难，做一辈子好事你才能养浩然之气。所以修身是一生的事情。"行有不慊于心"，慊，是作畅快讲。如果你的内心因你的行为而产生愧疚，那么你这种气自然就不充盈了，就会疲软了。这句话也就是说，你的行为有不合乎义的时候，你自己反思一下，这件事情不正当，你心里那个气也就不充盈了。

【原典】

孟子曰:"由是观之,无恻隐之心,非人也;无羞恶之心,非人也;无辞让之心,非人也;无是非之心,非人也。恻隐之心,仁之端也;羞恶之心,义之端也;辞让之心,礼之端也;是非之心,智之端也。人之有是四端也,犹其有四体也。"

——《孟子·公孙丑》

【释文】

孟子说:"从这一点来看,人没有同情之心,便不算是人;没有羞耻之心,便不算是人;没有推让之心,便不算是人;没有是非之心,便不算是人。同情之心是仁的首要,羞耻之心是义的首要,推让之心是礼的首要,是非之心是智的首要。人具备了这四种首要的善心,就好比他有手足四肢一般自然。"

【品读】

孟子把四心作为完美人格心性的起码价值尺度;假如没有同情恻隐之心,羞恶知耻之心,礼敬谦让之心,褒是伐非之心。那他就是一个心性有缺陷的人,一个麻木的人,一个不合格的人。

苟为后义而先利，不夺不餍。未有仁而遗其亲者也，未有义而后其君者也。王亦曰仁义而已矣，何必曰利？

——《孟子·梁惠王》

【释文】

假若他把"义"抛诸脑后而事事"利"字当先，那他不把国君的一切都剥夺，是不会满足的。从没有以"仁"存心的人会遗弃父母的，也没有以"义"存心的人会怠慢君上的。王只要讲仁义就可以了，为什么一定要讲"利"呢？

【品读】

这一段是孟子和梁惠王的一段对话。梁惠王刚一见到孟子就马上问孟子能够给他带来什么利益。孟子也毫不客气地怼他，说干嘛要说利益呢？有仁义不就够了。如果总是想着利益，那么上上下下就都互相追逐私利，国家不就乱了吗？所以国君施以仁政，国家就能良性发展了。

【原典】

孟子曰："乐民之乐者，民亦乐其乐；忧民之忧者，民亦忧其忧。乐以天下，忧以天下，然而不王者，未之有也。"

——《孟子·梁惠王》

【释文】

孟子说："把老百姓的快乐当作他自己的快乐的，老百姓也会把他的快乐当作自己的快乐；把老百姓的忧愁当作自己的忧愁的，老百姓也会把他的忧愁当作自己的忧愁。以天下万民之乐为乐，以天下万民之忧为忧，这样还不能使天下归服于他的，是从来不曾有的事。"

【品读】

实事还要见实效，最大的实效就是真正使广大群众得到实惠、感到幸福，产生良好的社会效益和人文效应。群众最能体验为民办实事工作的成效，要让群众来评判为民办实事工作的成效。把为民办实事的工作做好了，群众的幸福感就会提升，构建和谐社会的基础就会更加扎实。

　　子贡曰："君子之过也，如日月之食焉：过也，人皆见之；更也，人皆仰之。"

——《论语·子张》

【释文】

　　子贡说："君子的过失，就像日食和月蚀一样：有过错时，人人都看得见；他改正了，人人都仰望他。"

【品读】

　　此句以日食月蚀的变化为喻，赞扬了君子不像文过饰非的小人，不隐瞒和掩盖过错，又能公开改正过错的光明磊落的态度和胸襟。

【原典】

　　子夏曰："仕而优则学，学而优则仕。"

　　　　　　　　　　　　　　　——《论语·子张》

【释文】

　　子夏说："做官仍有余力就去学习，学习如果仍有余力就去做官。"

【品读】

　　学习与做官是互为前提和目的，而且由学入仕，或由仕入学，是一脉相承的，而不应将二者之间的关系割裂开来。

【原典】

子张曰："士见危致命，见得思义，祭思敬，丧思哀，其可已矣。"

——《论语·子张》

【释文】

子张说："士人看见危险肯献出生命，看见有所得就想想是否合于义，祭祀时想到恭敬，服丧时想到悲痛，这也就可以了。"

【品读】

"士人"也就是我们现在所说的读书人，其所言"见危致命，见得思义，祭思敬，丧思哀"四点，并不仅仅局限于读书人，而是所有追求个人完善、有求仁之心的人都应该依照着去做的。

【原典】

　　子张曰："执德不弘，信道不笃，焉能为有？焉能为亡？"

——《论语·子张》

【释文】

　　子张说："执行德却不能弘扬它，信奉道却不笃定，这样的人可有可无。"

【品读】

　　有时候，我们明明知道这样做是对的，是正道，但到真正处理事情的时候，却往往把正道抛在脑后，按照自己的想法来。另外，有时候道的践行困难重重，在成功之前遭遇的挫折和打击非常多。我们不能因为一时的挫折而放弃光明的前景，这就需要有坚定的信念，就是我们所说的信道宜笃。

【原典】

子夏曰："日知其所亡，月无忘其所能，可谓好学也已矣。"

——《论语·子张》

【释文】

子夏说："每天知道自己以前所不知的，每月不忘记以前所已学会的，可以说是好学了。"

【品读】

知识的获得靠的是点点滴滴的积累，没有捷径可循，只能依靠勤奋和努力。虽然没有捷径，一些基本的学习方法还是可以借鉴的，子夏就提出了一种学习方法，即"日知其所亡，月无忘其所能"。这个观点，其实就是对孔子提出的"温故知新"的阐发。这是一种最基本的学习方法，只有以其为前提，才能顺利展开学习的过程，并取得事半功倍的效果。

【原典】

子夏曰："大德不逾闲，小德出入可也。"

——《论语·子张》

【释文】

子夏说："大的道德节操上不能逾越界限，在小节上有些出入是可以的。"

【品读】

儒家重视个人修养，但并不苛求，这体现了儒家思想的人性化，也体现了其原则性与权变性相结合的特点。金无足赤，人无完人。如果在注重大德的情况下，把小节也照顾到，这是再好不过的事情了。如果无法兼顾大德与小节，那只好选择不拘小节，维护大德。

【原典】

子曰："好仁不好学,其蔽也愚;好知不好学,其蔽也荡;好信不好学,其蔽也贼;好直不好学,其蔽也绞;好勇不好学,其蔽也乱;好刚不好学,其蔽也狂。"

——《论语·阳货》

【释文】

孔子说:"爱好仁却不爱好学习,它的弊病是愚蠢;爱好聪明而不爱学习,它的弊病是放荡不羁;爱好诚信而不爱好学习,它的弊病是容易被人利用伤害;爱好直率而不爱好学习,它的弊病是说话尖刻刺人;爱好勇敢而不爱好学习,其弊病是容易闹乱闯祸;爱好刚强却不好学习,它的弊病是狂妄。"

【品读】

这一则实际上是孔夫子对子路的行为规范,因为子路的确是好仁、好智、好信者,性情又直又勇又刚,这六个方面子路都占齐了,孔夫子反反复复让他中庸一点,行中道,要善于学。这个学,并不是我们通常所说的学问,如何在心性上把自己调理到最佳状态,使自己成为一个有教养的人,这才是真正的学。

【原典】

子路曰："君子尚勇乎？"子曰："君子义以为上。君子有勇而无义为乱，小人有勇而无义为盗。"

——《论语·阳货》

【释文】

子路说："君子崇尚勇敢吗？"孔子说："君子把义看作是最尊贵的。君子有勇无义就会作乱，小人有勇无义就会去做盗贼。"

【品读】

在孔子的学说中，"勇"被视为人生三大德之一，他本人对此曾多次论述。本章文字中，孔子重点强调了尚勇的前提，指出勇要受到义的约束。认为没有义的约束，勇可能就会成为乱的根源。孔子生逢乱世，礼崩乐坏，社会秩序不断瓦解，这些乱子让孔子深恶痛绝。因而对于勇，孔子更多的是担心，而不是崇尚。

【原典】

　　子曰："道不同，不相为谋。"

——《论语·卫灵公》

【释文】

　　孔子说："志向主张不同，不在一起谋划共事。"

【品读】

　　需要强调的是，这里所说的"道不同，不相为谋"的"道"，指的是人生大志向、大道义的"道"。这个意义上的"道"涵盖了儒家的修己安人，修身平天下，包含有最起码的仁义理念。在这一意义上，儒家才会强调它的相同。如若只是各人的事业之"道"，就不存在"不相为谋"的问题了，相反，在这种情况下，不同主张的人聚在一起更能碰撞出思维的火花，因为不同领域的人，其实往往是观察事物的角度或视野不很一致的人，这样的人如果能平心静气地坐到一起商量事情，往往能更加全面地考虑到事物的各个方面。

【原典】

子曰："君子不可小知，而可大受也；小人不可大受，而可小知也。"

——《论语·卫灵公》

【释文】

孔子说："君子不可责以小聪明，但有大担当，可接受大任务；小人不能接受大任务，却可责以小聪明，使他也能发挥。"

【品读】

在这里，孔子再次向管理者提出了人才的重要性，并且指出人人都有长处，都有闪光点，都有可堪利用的才能。